AF546135

CHARLOTTE DAVIS

GROẞBRITANNIEN Kochbuch

Die leckersten Rezepte der britischen
Küche für jeden Geschmack und Anlass

Email: info@edition-lunerion.de
www.edition-lunerion.de

Psiana eCom UG
Berumer Str. 44
26844 Jemgum

Vorwort

Großbritannien ist Ihnen als Superstar des Rock'n'Roll, der Royal Family und des Great Empire bekannt – aber gerade für kulinarische Höhenflüge wird das Kingdom nicht gerühmt? Ein häufiger Irrtum, denn die einst als wenig verlockend geschmähte Inselküche hat sich längst zum Feinschmecker-Paradies gemausert – und mit diesem Buch holen Sie sich original britischen Genuss ganz einfach auf den Tisch!

Fish & Chips sind vielleicht nicht der Gipfel des Gourmet-Genusses, aber wer die britische Küche nicht weiter kennt, hat eine Menge verpasst! Denn das heutige Essen auf die feine englische Art schöpft nicht nur aus der ungeahnt reichhaltigen und rustikal-deftigen Tradition der Insel selbst, sondern kombiniert vielfältige Einflüsse wie Asiatisch oder Indisch aus dem gesamten ehemaligen Empire. Kein Wunder also, dass britische Spezialitäten heute definitiv zum Genießer-Repertoire gehören, und hier erleben Sie die ganze Vielfalt: Vom legendären Frühstück über Salate, Snacks und Suppen bis hin zu herzhaften Hauptgerichten mit Fleisch und Fisch sowie verführerischen Desserts entdecken Sie hier Schlemmerei für jede Situation – und da das hippe Königreich stets am Puls der Zeit ist, kommen auch Veganer und Vegetarier voll auf ihre Kosten.

Guten Appetit!

Inhalt

Hauptspeisen mit Fisch 46

Desserts 55

Soßen, Dips & Aufstriche 64

Enjoy your meal!

Großbritannien ist bekannt für seine reiche Geschichte und Kultur, die sich auch auf die kulinarischen Traditionen des Landes auswirken. Britische Küche hat in der Vergangenheit einen Ruf als einfach und geschmacklos gehabt, aber in den letzten Jahrzehnten hat sich dies stark geändert. Heute ist die britische Küche vielfältig und lecker und bietet eine große Auswahl an Gerichten, die aus lokalen Zutaten und internationalen Einflüssen stammen.

Die traditionelle britische Küche basiert auf einer Mischung aus rustikalen Gerichten, die oft aus einfachen und preiswerten Zutaten hergestellt werden. Einige der bekanntesten Gerichte sind Fish and Chips, Shepherd's Pie, Bangers and Mash und Roastbeef with Yorkshire Pudding. Diese Gerichte sind nicht nur in Großbritannien sehr beliebt, sondern haben auch internationale Bekanntheit erlangt und werden oft von Touristen probiert, die das Land besuchen.

Neben diesen klassischen Gerichten gibt es auch eine große Vielfalt an modernen britischen Gerichten, die von der ethnischen Vielfalt des Landes inspiriert sind. Die britische Küche hat eine reiche Geschichte der Einflüsse aus der ganzen Welt, von indischen Curry-Gerichten bis hin zu chinesischen Dim Sum. In Großbritannien gibt es eine große Auswahl an Restaurants, die

Gerichte aus der ganzen Welt anbieten, und viele britische Köche haben diese Einflüsse in ihre eigenen Rezepte integriert.

In den vergangenen Jahren ist auch die Nachfrage nach gesünderen und veganen Optionen gestiegen und viele britische Köche und Restaurants haben darauf reagiert, indem sie ihre Menüs erweitert haben, um eine größere Auswahl an vegetarischen und veganen Gerichten anzubieten.

Insgesamt hat die britische Küche viel zu bieten und ist ein wichtiger Teil der kulinarischen Welt. Von traditionellen Gerichten bis hin zu modernen Einflüssen gibt es eine Fülle von Rezepten, die es zu entdecken gilt. In diesem Zusammenhang werden im Folgenden einige beliebte britische Rezepte vorgestellt, die jeder ausprobieren sollte, der die britische Küche kennenlernen möchte.

Frühstück

FULL ENGLISH BREAKFAST – KLASSISCHES ENGLISCHES FRÜHSTÜCK MIT SPECK UND BOHNEN

1 Port.

15 Min.

Leicht

Zutaten

2 Scheiben Speck
2 Würstchen
2 Eier
1 Tomate
1 Portobello-Pilz
1 Dose Baked Beans (in Tomatensauce)
2 Scheiben Toast
1 TL Butter
Salz und Pfeffer nach Geschmack

Nährwerte p. P.

755 kcal
69 g Kohlenhydrate
38 g Fett
36 g Eiweiß

1 Erhitzen Sie eine Pfanne auf mittlerer Hitze und braten Sie den Speck und die Würstchen darin, bis sie durchgegart sind. Stellen Sie sie dann beiseite.

2 In derselben Pfanne braten Sie die Eier, bis das Eiweiß fest ist und das Eigelb noch flüssig ist. Würzen Sie die Eier mit Salz und Pfeffer und stellen Sie sie beiseite.

3 Braten Sie die Tomaten- und Pilzscheiben in der Pfanne an, bis sie weich sind. Stellen Sie sie ebenfalls beiseite.

4 Erhitzen Sie die Baked Beans in einer kleinen Pfanne oder in der Mikrowelle.

5 Rösten Sie dann das Toastbrot und bestreichen Sie es mit Butter.

6 Richten Sie alles auf einem Teller an und servieren Sie sofort.

KEDGEREE – WÜRZIGES FRÜHSTÜCK MIT REIS UND FISCH

2 Port.

25 Min.

Leicht

Zutaten

75 g Basmatireis
1 Ei
1 Zwiebel, gehackt
1 Knoblauchzehe, gehackt
100 g geräucherter Fisch, wie Haddock oder Makrele
1 TL Currypulver
½ TL Kurkuma
½ TL Kreuzkümmel
½ TL Senfkörner
1 EL Butter
Salz und Pfeffer
Optional: gehackte Petersilie oder Koriander zum Garnieren

Nährwerte p. P.

389 kcal
42 g Kohlenhydrate
12 g Fett
25 g Eiweiß

1 Um den Basmatireis zuzubereiten, sollten Sie zunächst einen Topf mit der doppelten Menge Wasser wie Reis zum Kochen bringen. Sobald das Wasser kocht, den Reis hinzufügen und die Hitze reduzieren. Den Reis zugedeckt etwa 15 Minuten köcheln lassen, bis er weich ist.

2 Während der Reis kocht, können Sie ein Ei in einem separaten Topf mit kochendem Wasser für ca. 8 Minuten hart kochen. Nach dem Kochen das Ei abgießen und unter kaltem Wasser abschrecken, bevor es geschält und halbiert wird.

3 Der geräucherte Fisch sollte in kleine Stücke geschnitten und beiseitegestellt werden.

4 Als Nächstes die Butter in einer Pfanne bei mittlerer Hitze schmelzen lassen und Zwiebel und Knoblauch hinzufügen. Unter Rühren sollten sie etwa 5 Minuten braten, bis sie weich sind.

5 Geben Sie Currypulver, Kurkuma, Kreuzkümmel und Senfkörner in die Pfanne und braten Sie sie weitere 2 Minuten an, bis alles duftet.

6 Sobald der Basmatireis gekocht ist, können Sie ihn und den geräucherten Fisch in die Pfanne geben und gut vermengen. Mit Salz und Pfeffer abschmecken.

7 Zuletzt sollten Sie das Kedgeree auf einen Teller geben und mit den hart gekochten Eiern und gehackter Petersilie oder Koriander garnieren. Guten Appetit!

BRITISH PORRIDGE – WARMER HAFERBREI MIT NÜSSEN UND BEEREN

1 Port.

15 Min.

Leicht

Zutaten

50 g Haferflocken
250 ml Milch (kann auch mit Wasser oder einer Milchalternative wie Mandel- oder Hafermilch zubereitet werden)
1 Prise Salz
1 EL Ahornsirup oder Honig
Optional: Beeren, Nüsse oder andere Toppings

Nährwerte p. P.

230 kcal
33 g Kohlenhydrate
6 g Fett
9 g Eiweiß

1 Geben Sie die Haferflocken, Milch und eine Prise Salz in einen Topf und rühren Sie um.

2 Bringen Sie das Ganze auf mittlerer Hitze zum Kochen und rühren Sie dabei regelmäßig um, damit nichts anbrennt.

3 Kochen Sie den Porridge für etwa 5 bis 7 Minuten, bis er dick und cremig ist. Je nach gewünschter Konsistenz können Sie mehr Milch oder Wasser hinzufügen.

4 Rühren Sie den Ahornsirup oder Honig ein und schalten Sie die Hitze aus.

5 Geben Sie den Porridge in eine Schüssel und garnieren Sie ihn nach Belieben mit Beeren, Nüssen oder anderen Toppings.

ENGLISH BUNS – TRADITIONELLE BRÖTCHEN BRITISCHER ART

10 Port.

3 Std.

Leicht

Zutaten

450 g Mehl
2 TL Trockenhefe
50 g Zucker
1 TL Salz
2 TL gemahlener Zimt
½ TL gemahlene Nelken
50 g Butter, in kleine Stücke geschnitten
150 g Rosinen oder Sultaninen
1 Ei
250 ml Milch
Mehl zum Bestäuben
2 EL Wasser
2 EL Aprikosenmarmelade

Nährwerte p. P.

290 kcal
45 g Kohlenhydrate
5 g Fett
5 g Eiweiß

1 Geben Sie das Mehl, die Trockenhefe, den Zucker, das Salz, den Zimt und die Nelken in eine Schüssel und mischen Sie alles gut durch.

2 Fügen Sie die Butterstücke hinzu und kneten Sie alles mit den Fingern oder einer Küchenmaschine, bis es zu einer krümeligen Mischung wird.

3 Fügen Sie die Rosinen oder Sultaninen hinzu und rühren Sie sie unter die Mischung.

4 Schlagen Sie das Ei in einer separaten Schüssel auf und geben Sie die Milch hinzu. Vermischen Sie es gut.

5 Gießen Sie die Milch-Ei-Mischung in die Mehlmischung und rühren Sie alles zu einem Teig zusammen.

6 Kneten Sie den Teig auf einer bemehlten Oberfläche für ca. 10 Minuten, bis er glatt und geschmeidig ist.

7 Legen Sie den Teig in eine Schüssel und bedecken Sie ihn mit einem sauberen Geschirrtuch. Lassen Sie den Teig an einem warmen Ort für 1 bis 2 Stunden gehen, bis er sich verdoppelt hat.

8 Kneten Sie den Teig auf der bemehlten Oberfläche erneut durch und formen Sie ihn zu kleinen Bällchen.

9 Legen Sie die Bällchen auf ein mit Backpapier ausgelegtes Backblech und lassen Sie sie nochmals für ca. 30 Minuten gehen.

10 Heizen Sie den Ofen auf 200 °C Umluft vor.

11 Mischen Sie das Wasser mit der Aprikosenmarmelade in einem Topf und erhitzen Sie es bei schwacher Hitze, bis sich die Marmelade aufgelöst hat.

12 Geben Sie die Mischung in einen Spritzbeutel und spritzen Sie ein Kreuz auf jeden Bun.

13 Backen Sie die Buns im vorgeheizten Ofen für 15 bis 20 Minuten, bis sie goldbraun sind.

14 Lassen Sie sie auf einem Kuchengitter abkühlen und servieren Sie sie warm oder bei Zimmertemperatur.

CRUMPETS – FRÜHSTÜCKS-PFANNKUCHEN

5 Port.

2 Std. 20 Min.

Leicht

Zutaten

250 g Mehl
1 TL Salz
1 TL Zucker
1 TL Trockenhefe
300 ml lauwarmes Wasser
½ TL Backpulver
Öl oder Butter zum Braten

Nährwerte p. P.

85 kcal
15 g Kohlenhydrate
1 g Fett
2 g Eiweiß,

1 Mischen Sie das Mehl, Salz, Zucker und Trockenhefe in einer Schüssel.

2 Gießen Sie langsam das lauwarme Wasser dazu und rühren Sie ständig, bis eine glatte Mischung entsteht.

3 Bedecken Sie die Schüssel mit einem sauberen Geschirrtuch und lassen Sie den Teig für ca. 1 bis 2 Stunden an einem warmen Ort gehen, bis er Blasen wirft.

4 Fügen Sie das Backpulver hinzu und rühren Sie gut durch.

5 Erhitzen Sie eine Pfanne oder Crumpet-Ringe auf mittlerer Hitze und geben Sie etwas Öl oder Butter hinein.

6 Legen Sie die Crumpet-Ringe in die Pfanne und geben Sie jeweils ca. 2 Esslöffel Teig hinein. Lassen Sie sie ca. 5 bis 7 Minuten braten, bis sie auf der Oberseite trocken sind und Blasen werfen.

7 Entfernen Sie die Ringe und wenden Sie die Crumpets vorsichtig mit einem Pfannenwender. Braten Sie sie für weitere 2 bis 3 Minuten auf der anderen Seite.

8 Legen Sie die Crumpets auf ein Kuchengitter, um sie abzukühlen.

9 Erhitzen Sie die Pfanne und das Öl oder die Butter erneut und braten Sie die restlichen Crumpets auf die gleiche Weise.

Servieren Sie die Crumpets mit Butter, Marmelade oder Honig.

BREAKFAST SAUSAGE PATTIES – TRADITIONELLES FRÜHSTÜCKSFLEISCH

2 Port.

20 Min.

Leicht

Zutaten

450 g Schweinehackfleisch
1 TL Salz
½ TL schwarzer Pfeffer
1 TL Paprika
1 TL getrockneter Thymian
1 TL getrockneter Oregano
¼ TL Knoblauchpulver
¼ TL Zwiebelpulver
1 Ei
2 EL Semmelbrösel
1 EL Milch
Öl zum Braten

Nährwerte p. P.

215 kcal
3 g Kohlenhydrate
16 g Fett
14 g Eiweiß

1 Mischen Sie das Schweinehackfleisch, Salz, schwarzen Pfeffer, Paprika, Thymian, Oregano, Knoblauchpulver und Zwiebelpulver in einer Schüssel.

2 Schlagen Sie das Ei in einer separaten Schüssel auf und rühren Sie die Semmelbrösel und Milch hinein.

3 Gießen Sie die Ei-Mischung in die Schüssel mit dem Hackfleisch und mischen Sie alles gut durch.

4 Formen Sie das Fleisch zu kleinen, flachen Patties, etwa 7 bis 8 cm im Durchmesser.

5 Erhitzen Sie eine Pfanne auf mittlerer Hitze und geben Sie etwas Öl hinein.

6 Braten Sie die Patties für ca. 3 bis 4 Minuten auf jeder Seite, bis sie goldbraun und durchgebraten sind.

7 Nehmen Sie die Patties aus der Pfanne und legen Sie sie auf ein Papiertuch, um das überschüssige Öl abzutropfen.

8 Servieren Sie die Patties warm.

SODABREAD – SCHNELLES BROT OHNE HEFE

2 – 4 Port. | 60 Min. | Leicht

Zutaten

450 g Mehl
1 TL Salz
1 TL Natron
300 ml Buttermilch

Nährwerte p. P.

225 kcal
43 g Kohlenhydrate
1 g Fett
6g Eiweiß

1 Heizen Sie den Ofen auf 200 °C Umluft vor.

2 Sieben Sie das Mehl, Salz und Natron in eine Schüssel.

3 Geben Sie die Buttermilch hinzu und mischen Sie alles schnell durch, bis ein klebriger Teig entsteht.

4 Formen Sie den Teig zu einem runden Laib und legen Sie ihn auf ein gefettetes Backblech.

5 Schneiden Sie ein Kreuz in die Mitte des Brotes.

6 Backen Sie das Brot für 30 bis 40 Minuten oder bis es goldbraun und durchgebacken ist.

7 Nehmen Sie das Brot aus dem Ofen und klopfen Sie auf die Unterseite, um zu überprüfen, ob es hohl klingt. Das zeigt an, dass das Brot vollständig durchgebacken ist.

8 Legen Sie das Brot auf ein Kuchengitter, um es abkühlen zu lassen.

CHOCOLADE PORRIDGE – SCHOKO-HAFERBREI

2 Port.

20 Min.

Leicht

Zutaten

50 g Haferflocken
250 ml Milch
1 TL Kakaopulver
1 EL Ahornsirup oder Honig
1 Prise Salz

Nährwerte p. P.

220 kcal
30 g Kohlenhydrate
7 g Fett
8 g Eiweiß

1 Geben Sie die Haferflocken und Milch in einen Topf und erhitzen Sie sie bei mittlerer Hitze unter ständigem Rühren.

2 Fügen Sie das Kakaopulver und Salz hinzu und rühren Sie alles gut durch.

3 Kochen Sie die Mischung für weitere 2 bis 3 Minuten, bis sie dick und cremig wird.

4 Fügen Sie den Ahornsirup oder Honig hinzu und rühren Sie ihn unter.

5 Nehmen Sie den Porridge vom Herd und geben Sie ihn in eine Schüssel.

6 Servieren Sie den Porridge heiß und garnieren Sie ihn nach Belieben mit frischen Früchten, Nüssen oder Schokoladenstücken.

BAKED OATMEAL – GEBACKENER HAFERBREI MIT BANANE

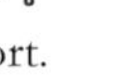

2 Port. 1 Std. 5 Min. Leicht

Zutaten

120 g Haferflocken
1 TL Backpulver
1 TL Zimt
¼ TL Salz
250 ml Milch
1 Ei
1 reife Banane, zerdrückt
2 EL Ahornsirup oder Honig
1 TL Vanilleextrakt
50 g gehackte Nüsse (z. B. Mandeln, Walnüsse)
50 g Beeren (z. B. Blaubeeren, Himbeeren)

Nährwerte p. P.

270 kcal
37 g Kohlenhydrate
10 g Fett
9 g Eiweiß

1 Heizen Sie den Ofen auf 180 °C Ober-/Unterhitze vor und fetten Sie eine Backform mit der Größe 20 × 20 cm ein.

2 In einer Schüssel mischen Sie Haferflocken, Backpulver, Zimt und Salz.

3 In einer anderen Schüssel mixen Sie Milch, Ei, Banane, Ahornsirup/Honig und Vanilleextrakt zusammen.

4 Geben Sie die nassen Zutaten zu den trockenen Zutaten und rühren Sie alles gut durch.

5 Fügen Sie die gehackten Nüsse und Beeren hinzu und rühren Sie vorsichtig um.

6 Gießen Sie die Mischung in die Backform und backen Sie das Oatmeal für 30 bis 35 Minuten oder bis es goldbraun und fest ist.

7 Nehmen Sie das Oatmeal aus dem Ofen und lassen Sie es 5 bis 10 Minuten abkühlen, bevor Sie es in Stücke schneiden.

BAKED BEANS – GEBACKENE BOHNEN

2 Port.

30 Min.

Leicht

Zutaten

2 Dosen (je 400 g) weiße Bohnen in Tomatensauce
1 Zwiebel, gehackt
1 Knoblauchzehe, gehackt
2 EL Olivenöl
2 EL Tomatenmark
1 EL brauner Zucker
1 TL Worcestershiresauce
1 TL Senf
Salz und Pfeffer nach Geschmack

Nährwerte p. P.

280 kcal
49 g Kohlenhydrate
4 g Fett
13 g Eiweiß

1 Heizen Sie den Ofen auf 180 °C vor.

2 Erhitzen Sie das Olivenöl in einer Pfanne und braten Sie die Zwiebel und den Knoblauch darin an, bis sie weich und duftend sind.

3 Fügen Sie das Tomatenmark, den braunen Zucker, Worcestershiresauce und Senf hinzu und rühren Sie alles gut durch.

4 Geben Sie die Bohnen in Tomatensauce hinzu und rühren Sie erneut um, bis alles gut vermischt ist.

5 Schmecken Sie die Mischung mit Salz und Pfeffer ab.

6 Gießen Sie die Bohnenmischung in eine Auflaufform und backen Sie sie für 20 bis 25 Minuten oder bis sie heiß und sprudelnd ist.

7 Nehmen Sie die Baked Beans aus dem Ofen und servieren Sie sie warm.

BREAKFAST BOWL – SÜẞE FRÜHSTÜCKSSCHALE

1 – 2 Port.

35 Min.

Leicht

Zutaten

1 Tasse Haferflocken
1 Tasse Mandelmilch
1 EL Chiasamen
½ Tasse griechischer Joghurt
½ Tasse gemischte Beeren (Erdbeeren, Blaubeeren, Himbeeren)
1 EL Mandelbutter
1 TL Honig

Nährwerte p. P.

410 kcal
54 g Kohlenhydrate
14 g Fett
21 g Eiweiß

1 Geben Sie die Haferflocken, Mandelmilch und Chiasamen in einen Topf und erhitzen Sie alles auf mittlerer Hitze. Rühren Sie gelegentlich um, bis die Haferflocken weich und cremig sind, etwa 5 Minuten.

2 Geben Sie die Haferflockenmischung in eine Schüssel und fügen Sie den griechischen Joghurt hinzu. Rühren Sie alles gut durch.

3 Verteilen Sie die gemischten Beeren auf der Haferflockenmischung.

4 Geben Sie die Mandelbutter und den Honig in eine kleine Schüssel und erhitzen Sie sie in der Mikrowelle oder auf dem Herd, bis sie flüssig sind.

5 Gießen Sie die Mandelbutter-Honig-Mischung über die Beeren und servieren Sie die Breakfast Bowl warm.

TOASTIES – DEFTIGER TOAST AUS DER PFANNE

1 – 2 Port. | 30 Min. | Leicht

Zutaten

4 Scheiben Vollkornbrot
4 Scheiben Cheddar-Käse
1 Tomate, in dünne Scheiben geschnitten
½ rote Zwiebel, in dünne Scheiben geschnitten
2 EL Butter

Nährwerte p. P.

405 kcal
33 g Kohlenhydrate
22 g Fett
18 g Eiweiß

1 Schneiden Sie die Tomate und die rote Zwiebel in dünne Scheiben.

2 Legen Sie jeweils eine Scheibe Cheddar-Käse auf zwei Scheiben Vollkornbrot.

3 Legen Sie die Tomatenscheiben und die Zwiebelscheiben auf den Käse.

4 Legen Sie jeweils eine weitere Scheibe Cheddar-Käse auf die Tomaten und Zwiebeln.

5 Legen Sie die restlichen beiden Scheiben Vollkornbrot auf den Käse, um die Sandwiches abzuschließen.

6 Schmelzen Sie die Butter in einer Pfanne auf mittlerer Hitze.

7 Legen Sie die Sandwiches in die Pfanne und braten Sie sie auf beiden Seiten goldbraun und knusprig.

8 Servieren Sie die Toasties heiß.

ROCHESTER CHOCOLATE SANDWICHES

6 – 8 Port.

35 Min.

Leicht

Zutaten

8 Scheiben Vollkornbrot
4 EL Haselnuss-Schokoladencreme
2 Bananen, in dünne Scheiben geschnitten
2 TL Honig
2 TL Butter

Nährwerte p. P.

376 kcal
63 g Kohlenhydrate
11 g Fett
7 g Eiweiß

1 Legen Sie jeweils eine Scheibe Vollkornbrot auf eine Arbeitsfläche.

2 Verteilen Sie jeweils einen Esslöffel Haselnuss-Schokoladencreme auf einer Seite des Brotes.

3 Legen Sie einige dünne Scheiben Banane auf die Creme.

4 Geben Sie jeweils einen Teelöffel Honig auf die Bananen.

5 Legen Sie eine weitere Scheibe Vollkornbrot auf die Füllung, um die Sandwiches abzuschließen.

6 Schmelzen Sie die Butter in einer Pfanne auf mittlerer Hitze.

7 Legen Sie die Sandwiches in die Pfanne und braten Sie sie auf beiden Seiten goldbraun und knusprig.

8 Servieren Sie die Rochester Chocolate Sandwiches heiß.

Salate

POTATOE SALAD – KARTOFFELSALAT IN HONIG-DRESSING

4 Port.

1 Std. 10 Min.

Leicht

Zutaten

1 kg Kartoffeln
3 EL Essig
3 EL Olivenöl
2 TL Dijon-Senf
1 TL Honig
2 EL saure Sahne
1 kleine Zwiebel, fein gehackt
2 Stangen Sellerie, fein gehackt
2 EL frischer Dill, gehackt
Salz und Pfeffer nach Geschmack

Nährwerte p. P.

190 kcal
30 g Kohlenhydrate
6 g Fett
3 g Eiweiß

1 Kartoffeln in einem großen Topf mit Salzwasser zum Kochen bringen und für ca. 15 bis 20 Minuten kochen, bis sie weich sind.

2 Kartoffeln abgießen, unter kaltem Wasser abspülen und in Scheiben schneiden.

3 In einer kleinen Schüssel Essig, Olivenöl, Senf, Honig und saure Sahne vermischen.

4 Zwiebeln, Sellerie und Dill zu den Kartoffeln geben und gut vermischen.

5 Das Dressing über den Kartoffelsalat geben und vorsichtig umrühren.

6 Mit Salz und Pfeffer abschmecken.

7 Den Kartoffelsalat für mindestens 30 Minuten im Kühlschrank kühlen lassen, bevor er serviert wird.

CORONATION SALAD – HÄHNCHEN-CURRY-SALAT

2 – 4 Port.

25 Min.

Leicht

Zutaten

2 Hähnchenbrustfilets
2 EL Olivenöl
Salz und Pfeffer nach Geschmack
½ Tasse griechischer Joghurt
¼ Tasse Mayonnaise
1 EL Zitronensaft
2 TL Currypulver
2 TL Mango-Chutney
¼ Tasse Rosinen
¼ Tasse Mandeln, gehackt
4 Tassen gemischter grüner Salat

Nährwerte p. P.

420 kcal
22 g Kohlenhydrate
23 g Fett
32 g Eiweiß

1 Hähnchenbrustfilets mit Olivenöl, Salz und Pfeffer würzen und in einer Pfanne bei mittlerer Hitze für ca. 10 bis 12 Minuten kochen, bis sie durchgegart sind. Abkühlen lassen und in kleine Stücke schneiden.

2 In einer großen Schüssel Joghurt, Mayonnaise, Zitronensaft, Currypulver und Mango-Chutney vermengen.

3 Rosinen und Mandeln zum Dressing hinzufügen und vermischen.

4 Die Hähnchenstücke in das Dressing geben und vorsichtig vermengen.

5 Grünen Salat auf Tellern anrichten und die Hähnchenmischung darauf verteilen.

EGG SALAD – BRITISCHER EIERSALAT

4 Port.

15 Min.

Leicht

Zutaten

6 Eier, hart gekocht
¼ Tasse Mayonnaise
1 TL Dijon-Senf
½ TL Knoblauchpulver
½ TL Zwiebelpulver
¼ TL Paprikapulver
¼ TL Salz
¼ TL Pfeffer
2 EL gehackte frische Petersilie
4 Scheiben Vollkornbrot
4 Salatblätter
1 Tomate, in Scheiben geschnitten

Nährwerte p. P.

250 kcal
16 g Kohlenhydrate
14 g Fett
13 g Eiweiß

1 Die Eier schälen und in kleine Stücke schneiden.

2 In einer großen Schüssel Mayonnaise, Senf, Knoblauchpulver, Zwiebelpulver, Paprikapulver, Salz und Pfeffer vermengen.

3 Die gehackte Petersilie und die Eierstücke zum Dressing geben und vorsichtig vermengen.

4 Auf jede Scheibe Brot ein Salatblatt legen.

5 Den Eiersalat auf den Salatblättern verteilen und mit Tomatenscheiben belegen.

CHEESE SALAD – KLASSISCHER KÄSE-SALAT

2 – 4 Port.

15 Min.

Leicht

Zutaten

1 Kopfsalat
100 g Rucola
100 g Cherrytomaten
1 Paprika
100 g Feta-Käse
50 g geriebener Parmesan
2 EL Olivenöl
1 EL Balsamico-Essig
Salz und Pfeffer nach Geschmack

Nährwerte p. P.

170 kcal
5 g Kohlenhydrate
14 g Fett
8 g Eiweiß

1 Waschen Sie den Kopfsalat und den Rucola und schleudern Sie beides trocken. Halbieren Sie die Cherrytomaten und schneiden Sie die Paprika in kleine Stücke.

2 Schneiden Sie den Feta-Käse in kleine Würfel. In einer Schüssel vermengen Sie das Olivenöl, den Balsamico-Essig, Salz und Pfeffer. Geben Sie den Kopfsalat, Rucola, Cherrytomaten und Paprika in die Schüssel und vermengen Sie alles gut miteinander.

3 Danach streuen Sie den Feta-Käse und den geriebenen Parmesan über den Salat.

SHRIMP SALAD – GARNELENSALAT MIT GRÜNER BEILAGE

4 Port.

15 Min.

Leicht

Zutaten

500 g Garnelen, gekocht und geschält
1 Kopfsalat, gewaschen und in mundgerechte Stücke zerteilt
1 Gurke, geschält und in dünne Scheiben geschnitten
2 Tomaten, gewaschen und in kleine Stücke geschnitten
1 rote Zwiebel, geschält und in dünne Scheiben geschnitten
1 Zitrone, halbiert
2 EL Olivenöl
1 EL Weißweinessig
Salz und Pfeffer nach Geschmack
2 EL gehackte Petersilie

Nährwerte p. P.

252 kcal
8 g Kohlenhydrate
11 g Fett
30 g Eiweiß

1 Vermischen Sie in einer großen Schüssel die Garnelen, Kopfsalat, Gurke, Tomaten und die rote Zwiebel.

2 In einer separaten Schüssel verrühren Sie das Olivenöl, Weißweinessig, Salz und Pfeffer miteinander.

3 Gießen Sie das Dressing über den Salat und verrühren Sie die Menge gründlich.

4 Pressen Sie den Saft einer halben Zitrone über den Salat und verrühren Sie alles erneut.

5 Den Salat in eine Servierschüssel geben und mit gehackter Petersilie bestreuen.

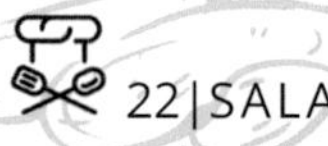

POTATOE SALAD WITH PICKLED ONIONS – KARTOFFELSALAT MIT EINGELEGTEN ZWIEBELN

4 – 6 Port.

30 Min.

Leicht

Zutaten

1 kg Kartoffeln
1 kleine Zwiebel, fein gehackt
4 EL Essig
2 EL Zucker
1 TL Senf
1 TL Salz
¼ TL schwarzer Pfeffer
½ Tasse Mayonnaise
2 hart gekochte Eier, gehackt
2 EL frische Petersilie, gehackt

Nährwerte p. P.

325 kcal
34 g Kohlenhydrate
18 g Fett
6 g Eiweiß

1 Waschen und schälen Sie die Kartoffeln und schneiden Sie sie in 1 cm dicke Scheiben. Kochen Sie die Kartoffelscheiben in einem Topf mit gesalzenem Wasser, bis sie weich sind.

2 In der Zwischenzeit vermischen Sie die gehackte Zwiebel, Essig, Zucker, Senf, Salz und schwarzen Pfeffer in einer Schüssel.

3 Sobald die Kartoffeln gar sind, lassen Sie sie abtropfen und geben Sie sie in die Schüssel mit der Essig-Mischung. Vorsichtig umrühren, damit alle Kartoffeln gut mit der Mischung bedeckt sind.

4 Lassen Sie den Kartoffelsalat abkühlen, bevor Sie die Mayonnaise, gehackten Eier und Petersilie hinzufügen. Nochmals gut umrühren, um alle Zutaten zu vermengen.

5 Servieren Sie den Salat kalt.

Suppen & Eintöpfe

MULLIGATAWNY SOUP – PFEFFERSUPPE

4 Port.

1 Std. 10 Min.

Leicht

Zutaten

1 Zwiebel, gehackt
2 Knoblauchzehen, gehackt
2 Karotten, gewürfelt
1 Stange Sellerie, gewürfelt
1 rote Paprika, gewürfelt
1 grüne Paprika, gewürfelt
1 Tasse rote Linsen
1 Dose Tomaten, gewürfelt
6 Tassen Gemüsebrühe
2 TL Kurkuma
1 TL gemahlener Koriander
1 TL Kreuzkümmel
1 TL Ingwerpulver
1 TL Garam Masala
1 TL Paprika
1 TL Salz
¼ Tasse Kokosmilch
2 EL Olivenöl
Frischer Koriander zum Garnieren

Nährwerte p. P.

235 kcal
37 g Kohlenhydrate
6 g Fett
11 g Eiweiß

1 In einem großen Topf erhitzen Sie das Olivenöl und braten die Zwiebel und den Knoblauch darin an, bis sie weich sind.

2 Fügen Sie die Karotten, den Sellerie, die rote und grüne Paprika hinzu und braten Sie alles unter Rühren weitere 5 Minuten lang.

3 Geben Sie die Gewürze (Kurkuma, gemahlener Koriander, Kreuzkümmel, Ingwerpulver, Garam Masala, Paprika und Salz) in den Topf und braten Sie sie unter Rühren weitere 2 Minuten lang, um die Aromen freizusetzen.

4 Fügen Sie die Linsen, Tomaten und Gemüsebrühe hinzu und bringen Sie alles zum Kochen.

5 Reduzieren Sie die Hitze und lassen Sie die Suppe für etwa 30 bis 40 Minuten köcheln, bis die Linsen weich sind.

6 Fügen Sie die Kokosmilch hinzu und rühren Sie gut um.

7 Garnieren Sie die Suppe mit frischem Koriander und servieren Sie sie heiß.

ENGLISH CHEESE SOUP – KÄSESUPPE MIT ZWIEBELN UND SENF

4 Port.

20 Min.

Leicht

Zutaten

4 EL Butter
1 Zwiebel, fein gehackt
4 EL Mehl
4 Tassen Hühnerbrühe
2 Tassen Milch
1 Tasse geriebener Cheddar-Käse
1 Tasse geriebener Parmesan-Käse
½ TL Senf
Salz und Pfeffer nach Geschmack
Optional: geröstete Croûtons und gehackte Petersilie zum Garnieren

Nährwerte p. P.

400 kcal
12 g Kohlenhydrate
30 g Fett
22 g Eiweiß

1 In einem großen Topf schmelzen Sie die Butter bei mittlerer Hitze. Fügen Sie die Zwiebel hinzu und braten Sie sie unter Rühren etwa 5 Minuten lang, bis sie weich ist.

2 Fügen Sie das Mehl hinzu und rühren Sie es ein, bis es gut mit der Butter und Zwiebel vermischt ist. Kochen Sie die Mischung unter ständigem Rühren für weitere 2 Minuten.

3 Fügen Sie langsam die Hühnerbrühe und Milch hinzu und rühren Sie ständig, bis alles gut vermischt ist. Bringen Sie die Suppe zum Kochen.

4 Reduzieren Sie die Hitze und fügen Sie den geriebenen Cheddar und Parmesan hinzu. Rühren Sie die Suppe kontinuierlich, bis der Käse geschmolzen ist und die Suppe eine glatte Konsistenz hat.

5 Fügen Sie den Senf hinzu und schmecken Sie die Suppe mit Salz und Pfeffer ab.

6 Wenn Sie möchten, können Sie geröstete Croûtons und gehackte Petersilie zum Garnieren verwenden.

PEA SOUP – ERBSENEINTOPF MIT KAROTTEN UND SELLERIE

4 Port.

1 Std. 30 Min.

Leicht

Zutaten

500 g getrocknete grüne Erbsen
2 Karotten, geschält und gewürfelt
2 Stangen Sellerie, gewürfelt
1 Zwiebel, gewürfelt
2 Knoblauchzehen, gehackt
2 EL Olivenöl
1 ½ L Gemüsebrühe
1 TL getrockneter Thymian
1 Lorbeerblatt
Salz und Pfeffer nach Geschmack
Optional: geröstete Croûtons und gehackte Petersilie zum Garnieren

Nährwerte p. P.

306 kcal
47 g Kohlenhydrate
6 g Fett
16 g Eiweiß

1 Spülen Sie die getrockneten Erbsen in einem Sieb gründlich ab und lassen Sie sie abtropfen.

2 In einem großen Topf das Olivenöl erhitzen und Zwiebeln, Knoblauch, Karotten und Sellerie darin anbraten, bis sie weich sind.

3 Fügen Sie die abgetropften Erbsen, Gemüsebrühe, Thymian und das Lorbeerblatt hinzu. Bringen Sie alles zum Kochen und reduzieren Sie dann die Hitze, um die Suppe für ca. 1 Stunde köcheln zu lassen, bis die Erbsen weich sind.

4 Entfernen Sie das Lorbeerblatt und pürieren Sie die Suppe mit einem Pürierstab oder in einem Standmixer, bis sie glatt ist.

5 Fügen Sie Salz und Pfeffer nach Geschmack hinzu.

6 Wenn gewünscht, servieren Sie die Suppe mit gerösteten Croûtons und gehackter Petersilie als Garnitur.

SPRING SOUP – FRÜHLINGSSUPPE

4 Port.

50 Min.

Leicht

Zutaten

1 Zwiebel, gehackt
1 EL Olivenöl
500 g frische grüne Spargelstangen, in 2 cm lange Stücke geschnitten
500 g frische grüne Erbsen (oder TK-Erbsen)
1 L Gemüsebrühe
1 Bund Frühlingszwiebeln, gehackt
½ TL geriebene Muskatnuss
Salz und Pfeffer nach Geschmack
Optional: geröstete Pinienkerne und gehackte Petersilie zum Garnieren

Nährwerte p. P.

168 kcal
26 g Kohlenhydrate
4 g Fett
9 g Eiweiß

1 In einem großen Topf das Olivenöl erhitzen und die Zwiebel darin glasig braten.

2 Fügen Sie die Spargelstücke und Erbsen hinzu und braten Sie sie für 2 bis 3 Minuten mit.

3 Gießen Sie die Gemüsebrühe in den Topf und bringen Sie alles zum Kochen. Dann die Hitze reduzieren und 10 bis 15 Minuten köcheln lassen, bis das Gemüse weich ist.

4 Fügen Sie die gehackten Frühlingszwiebeln und geriebene Muskatnuss hinzu und lassen Sie die Suppe noch mal für 5 Minuten köcheln.

5 Entfernen Sie den Topf vom Herd und lassen Sie die Suppe etwas abkühlen.

6 Pürieren Sie die Suppe mit einem Pürierstab oder in einem Standmixer, bis sie glatt ist.

7 Fügen Sie Salz und Pfeffer nach Geschmack hinzu.

8 Wenn gewünscht, servieren Sie die Suppe mit gerösteten Pinienkernen und gehackter Petersilie als Garnitur.

STEW – TRADITIONELLER BRITISCHER EINTOPF

4 – 6 Port.

3 Std. 15 Min.

Leicht

Zutaten

1 kg Rindfleisch, in Würfel geschnitten
2 EL Olivenöl
2 Zwiebeln, gehackt
2 Knoblauchzehen, gehackt
4 Karotten, geschält und in Scheiben geschnitten
2 Selleriestangen, gehackt
2 EL Tomatenmark
2 Tassen Rinderbrühe
1 Tasse Rotwein
2 Lorbeerblätter
1 TL Thymian
Salz und Pfeffer nach Geschmack
2 Tassen Kartoffelwürfel
2 Tassen gehackter Grünkohl
Frische Petersilie zum Garnieren

Nährwerte p. P.

420 kcal
26 g Kohlenhydrate
16 g Fett
40 g Eiweiß

1 Das Olivenöl in einem großen Topf erhitzen. Das Rindfleisch hinzufügen und unter gelegentlichem Rühren anbraten, bis es von allen Seiten braun ist.

2 Zwiebeln und Knoblauch hinzufügen und weitere 2 bis 3 Minuten braten, bis sie weich sind.

3 Karotten und Sellerie hinzufügen und für weitere 5 bis 7 Minuten braten, bis sie beginnen, weich zu werden.

4 Tomatenmark hinzufügen und 1 bis 2 Minuten rühren, bis es gut vermischt ist.

5 Fügen Sie die Rinderbrühe, Rotwein, Lorbeerblätter, Thymian, Salz und Pfeffer hinzu. Bringen Sie alles zum Kochen, reduzieren Sie dann die Hitze und lassen Sie den Eintopf etwa 2 Stunden köcheln, bis das Fleisch zart ist.

6 Fügen Sie Kartoffeln und Grünkohl hinzu und kochen Sie sie weitere 30 bis 40 Minuten, bis sie weich sind.

7 Servieren Sie den Eintopf heiß, garniert mit frischer Petersilie.

WINDSOR SOUP – WINDSOR SUPPE

4 Port.

25 Min.

Leicht

Zutaten

2 EL Butter
1 Zwiebel, gehackt
1 Karotte, geschält und gewürfelt
1 Stangensellerie, gewürfelt
2 EL Mehl
4 Tassen Hühnerbrühe
1 Tasse Sahne
1 Tasse gekochtes Hühnerfleisch, gewürfelt
1 TL Worcestershiresauce
1 TL getrockneter Thymian
Salz und Pfeffer nach Geschmack
Frische Kräuter zum Garnieren

Nährwerte p. P.

410 kcal
14 g Kohlenhydrate
30 g Fett
20 g Eiweiß

1 In einem Topf die Butter bei mittlerer Hitze schmelzen lassen und die Zwiebeln, Karotten und Sellerie hinzufügen. Unter gelegentlichem Rühren für etwa 5 Minuten kochen lassen, bis das Gemüse weich wird.

2 Mehl hinzufügen und für weitere 2 Minuten umrühren.

3 Fügen Sie langsam die Hühnerbrühe hinzu, während Sie die Suppe ständig rühren, um Klumpenbildung zu vermeiden.

4 Fügen Sie Sahne, Hühnerfleisch, Worcestershiresauce und Thymian hinzu und rühren Sie alles gut um.

5 Lassen Sie die Suppe bei mittlerer Hitze für weitere 10 bis 15 Minuten köcheln, bis sie eingedickt ist. Mit Salz und Pfeffer abschmecken.

6 Servieren Sie die Suppe heiß mit ein paar Kräutern als Garnierung.

Vegane & vegetarische Gerichte

SHEPHERD'S PIE – VEGETARISCHER HACKFLEISCH-KARTOFFEL-AUFLAUF

 4 Port.  50 Min.  Leicht

Zutaten

2 EL Öl
500 g veganes Hackfleisch
1 große Zwiebel, gewürfelt
2 Karotten, geschält und in kleine Würfel geschnitten
2 Stangen Sellerie, in kleine Würfel geschnitten
2 Knoblauchzehen, gehackt
2 EL Tomatenmark
500 mlGemüsebrühe
1 TL Worcestershiresauce
1 TL getrockneter Thymian
1 TL Paprikapulver
Salz und Pfeffer zum Abschmecken
750 g Kartoffeln, geschält und in Stücke geschnitten
50 g Butter
125 ml Milch
50 g geriebener Cheddar-Käse

Nährwerte p. P.

450 kcal
30 g Kohlenhydrate
25 g Fett
25 g Eiweiß

1 Erhitzen Sie etwas Öl in einer Pfanne und braten Sie das Hackfleisch bei mittlerer Hitze an, bis es braun und krümelig ist.

2 Geben Sie die Zwiebel, Karotten, Sellerie und Knoblauch hinzu und braten Sie sie für weitere 5 Minuten an.

3 Rühren Sie das Tomatenmark, Worcestershiresauce, Thymian und Paprikapulver in die Pfanne.

4 Geben Sie die Gemüsebrühe hinzu und lassen Sie alles für ca. 15 Minuten köcheln, bis die Flüssigkeit größtenteils verdampft ist.

5 Währenddessen die Kartoffeln in Salzwasser kochen, bis sie weich sind. Dann abgießen und mit Butter und Milch stampfen, bis eine glatte Kartoffelpüree-Masse entsteht.

6 Schmecken Sie das Hackfleisch-Gemüse-Gemisch mit Salz und Pfeffer ab.

7 Geben Sie das Hackfleisch-Gemüse-Gemisch in eine Auflaufform und verteilen Sie das Kartoffelpüree darüber.

8 Bestreuen Sie den Shepherd's Pie mit geriebenem Cheddar-Käse und backen Sie ihn im vorgeheizten Ofen bei 200 °C Umluft für ca. 20 Minuten, bis er goldbraun und knusprig ist.

BUBBLE AND SQUEAK – BRATKARTOFFELN MIT GEMÜSE

4 Port. 20 Min. Leicht

Zutaten

500 g gekochte Kartoffeln
500 g gekochter Kohl oder anderes Gemüse, z. B. Rosenkohl, Brokkoli oder Grünkohl
1 Zwiebel, gehackt
2 EL Öl
Salz und Pfeffer nach Geschmack

Nährwerte p. P.

215 kcal
33 g Kohlenhydrate
7 g Fett
5 g Eiweiß

1 Die gekochten Kartoffeln und das Gemüse grob zerstampfen oder klein schneiden und in einer großen Schüssel vermengen.

2 In einer Pfanne das Öl erhitzen und die gehackte Zwiebel darin anbraten, bis sie weich und glasig ist.

3 Die Kartoffel-Gemüse-Mischung in die Pfanne geben und unter gelegentlichem Wenden braten, bis sie goldbraun und knusprig ist.

4 Mit Salz und Pfeffer abschmecken und heiß servieren.

SCONES WITH CLOTTED CREAM – CREME-KÜCHLEIN

4 Port.

40 Min.

Leicht

Zutaten

Zutaten für die Scones:
240 g Mehl
1 EL Backpulver
½ TL Salz
60 g pflanzliche Margarine
50 g Zucker
120 ml pflanzliche Milch (z. B. Soja- oder Mandelmilch)
1 TL Apfelessig

Zutaten für die Clotted Cream:
240 g pflanzlicher Frischkäse
60 g Puderzucker
120 ml pflanzliche Sahne

Nährwerte p. P.

337 kcal
44 g Kohlenhydrate
16 g Fett
4 g Eiweiß

1 Heizen Sie den Backofen auf 220 °C Umluft vor und belegen Sie ein Backblech mit Backpapier.

2 Vermengen Sie das Mehl, Backpulver und Salz in einer Schüssel.

3 Geben Sie die pflanzliche Margarine dazu und verkneten Sie sie mit den Händen, bis alles gut vermischt ist.

4 Fügen Sie den Zucker hinzu und mischen Sie alles erneut gut durch.

5 In einer separaten Schüssel vermengen Sie die pflanzliche Milch und den Apfelessig.

6 Geben Sie die Milchmischung zur Mehlmischung und rühren Sie alles zusammen, bis ein Teig entsteht.

7 Auf einer bemehlten Fläche den Teig ca. 2 cm dick ausrollen und mit einem runden Ausstecher (ca. 5 cm Durchmesser) oder einem Glas Scones ausstechen.

8 Legen Sie die Scones auf das vorbereitete Backblech und backen Sie sie ca. 10 bis 12 Minuten, bis sie goldbraun sind.

9 In der Zwischenzeit können Sie die Clotted Cream zubereiten. Dazu verrühren Sie den pflanzlichen Frischkäse und den Puderzucker in einer Schüssel.

10 Schlagen Sie in einer separaten Schüssel die pflanzliche Sahne steif und geben Sie sie zu der Frischkäse-Puderzucker-Mischung hinzu. Rühren Sie alles zusammen, bis eine cremige Konsistenz entsteht.

11 Servieren Sie die Scones mit der Clotted Cream.

SWEET POTATOE SOUP – SÜẞKARTOFFELSUPPE

 4 Port.

 40 Min.

 Leicht

Zutaten

2 mittelgroße Süßkartoffeln (ca. 500 g)
1 Zwiebel, gehackt
2 Knoblauchzehen, gehackt
1 EL Olivenöl
800 ml Gemüsebrühe
1 Dose Kokosmilch (400 ml)
1 TL Kreuzkümmel
1 TL Paprikapulver
½ TL Kurkuma
Salz und Pfeffer nach Geschmack
Optional: frischer Koriander zum Garnieren

Nährwerte p. P.

267 kcal
34 g Kohlenhydrate
14 g Fett
3 g Eiweiß

1 Die Süßkartoffeln schälen und in kleine Würfel schneiden.

2 Das Olivenöl in einem großen Topf erhitzen und die Zwiebel und den Knoblauch darin anschwitzen.

3 Die Süßkartoffeln hinzufügen und für ca. 5 Minuten mit anbraten.

4 Die Gewürze hinzufügen und für weitere 2 Minuten braten.

5 Die Gemüsebrühe hinzufügen und zum Kochen bringen. Dann für ca. 15 bis 20 Minuten köcheln lassen, bis die Süßkartoffeln weich sind.

6 Die Kokosmilch hinzufügen und alles mit einem Pürierstab pürieren, bis eine glatte Suppe entsteht.

7 Mit Salz und Pfeffer abschmecken.

8 Optional mit frischem Koriander garnieren und servieren.

VEGAN SLAW – KOHLSALAT

4 Port.

45 Min.

Leicht

Zutaten

1 mittelgroßer Kohlrabi, geschält und geraspelt
1 große Karotte, geschält und geraspelt
2 EL gehackte Petersilie
2 EL gehackter Koriander
2 EL Olivenöl
1 EL Apfelessig
1 EL Ahornsirup
1 TL Dijon-Senf
Salz und Pfeffer nach Geschmack

Nährwerte p. P.

106 kcal
10 g Kohlenhydrate
7 g Fett
1 g Eiweiß

1 In einer großen Schüssel sollten Sie den geraspelten Kohlrabi, die geraspelte Karotte, Petersilie und Koriander vermengen.

2 In einer separaten Schüssel sollten Sie das Olivenöl, Apfelessig, Ahornsirup und Dijon-Senf vermischen und mit Salz und Pfeffer abschmecken.

3 Gießen Sie die Dressing-Mischung über den Kohlrabi-Salat und vermengen Sie ihn gut.

4 Den Kohlrabi-Slaw für mindestens 30 Minuten im Kühlschrank ziehen lassen, bevor Sie ihn servieren.

TOAD IN THE HOLE – VEGANER WÜRSTCHENAUFLAUF

4 Port. 50 Min. Leicht

Zutaten

225 g Mehl
4 Eier
300 ml Milch
1 TL Salz
8 vegane Würstchen
2 EL Rapsöl

Nährwerte p. P.

575 kcal
42 g Kohlenhydrate
36 g Fett
21 g Eiweiß

1 Den Ofen auf 200 °C Ober-/Unterhitze vorheizen.

2 Geben Sie das Mehl in eine Schüssel und drücken Sie eine Vertiefung in die Mitte. Fügen Sie Eier und Milch hinzu und verrühren Sie alles gut, bis ein glatter Teig entsteht. Würzen Sie den Teig mit Salz.

3 Legen Sie die Würstchen in eine Auflaufform und verteilen Sie das Rapsöl gleichmäßig darüber.

4 Gießen Sie die Teigmischung über die Würstchen und verteilen Sie sie gleichmäßig.

5 Stellen Sie die Auflaufform in den Ofen und backen Sie sie für 25 bis 30 Minuten, bis der Teig goldbraun und knusprig ist und die Würstchen durchgegart sind.

6 Nehmen Sie die Form aus dem Ofen und servieren Sie das Toad in the hole.

WELSH RAREBIT – KÄSETOAST MIT PEP

4 Port.

50 Min.

Leicht

Zutaten

2 EL Butter
2 EL Mehl
1 TL Senf
1 TL Worcestershiresauce
120 ml Bier
225 g Cheddar-Käse, gerieben
4 Scheiben Brot
Salz und Pfeffer

Nährwerte p. P.

463 kcal
23 g Kohlenhydrate
29 g Fett
21 g Eiweiß

1 Um das Welsh Rarebit zuzubereiten, schmelzen Sie zunächst die Butter bei mittlerer Hitze in einem Topf. Fügen Sie das Mehl hinzu und kochen Sie die Mischung unter ständigem Rühren 1 bis 2 Minuten lang, bis sie goldbraun wird.

2 Rühren Sie den Senf und Worcestershiresauce ein und geben Sie nach und nach das Bier hinzu. Lassen Sie die Mischung unter ständigem Rühren aufkochen und reduzieren Sie dann die Hitze.

3 Geben Sie nach und nach den geriebenen Cheddar-Käse hinzu, während Sie weiterrühren, bis er vollständig geschmolzen ist und die Mischung glatt ist.

4 Schmecken Sie die Mischung mit Salz und Pfeffer ab.

5 Toasten Sie die Brotscheiben und bestreichen Sie sie großzügig mit der Käsemasse.

6 Backen Sie die Brotscheiben im vorgeheizten Ofen bei 200 °C etwa 5 bis 7 Minuten lang, bis der Käse geschmolzen und goldbraun ist.

ROASTED POTATOES – GERÖSTETE KARTOFFELN

4 Port. 55 Min. Leicht

Zutaten

1 kg Kartoffeln
2 EL Olivenöl
1 TL Paprika
1 TL Knoblauchpulver
1 TL getrockneter Rosmarin
Salz und Pfeffer nach Geschmack

Nährwerte p. P.

170 kcal
30 g Kohlenhydrate
5 g Fett
3 g Eiweiß

1 Heizen Sie den Ofen auf 200 °C Umluft vor.

2 Waschen Sie die Kartoffeln gründlich und schneiden Sie sie in gleichmäßige Stücke.

3 Geben Sie die Kartoffelstücke in eine große Schüssel und fügen Sie das Olivenöl, Paprika, Knoblauchpulver, Rosmarin, Salz und Pfeffer hinzu. Verteilen Sie die Gewürze und das Öl gleichmäßig auf den Kartoffeln.

4 Legen Sie die Kartoffeln auf ein mit Backpapier ausgelegtes Backblech und verteilen Sie sie in einer gleichmäßigen Schicht.

5 Rösten Sie die Kartoffeln im vorgeheizten Ofen für ca. 30 bis 35 Minuten, bis sie goldbraun und knusprig sind.

6 Vor dem Servieren mit zusätzlichem Salz und Pfeffer würzen, falls gewünscht.

Rezepte mit Fleisch

SEAFOOD CHOWDER – MEERESFRÜCHTE-SUPPE

4 Port. | 1 Std. 30 Min. | Leicht

Zutaten

1 Zwiebel, gewürfelt
2 Knoblauchzehen, gehackt
2 EL Butter
2 EL Mehl
3 Tassen Gemüsebrühe
1 Tasse Sahne
2 Kartoffeln, gewürfelt
1 Karotte, gewürfelt
1 Stange Sellerie, gewürfelt
1 TL Thymian
1 TL Oregano
½ TL Salz
¼ TL Pfeffer
500 g gemischte Meeresfrüchte (z. B. Garnelen, Muscheln, Fischfilet)

Nährwerte p. P.

250 kcal
18 g Kohlenhydrate
15 g Fett
10 g Eiweiß

1 Um eine köstliche Meeresfrüchte-Suppe zu machen, empfehle ich Ihnen, in einem großen Topf die Zwiebel und den Knoblauch in Butter glasig zu dünsten. Fügen Sie das Mehl hinzu und schwitzen Sie es unter ständigem Rühren 1 bis 2 Minuten an.

2 Nach und nach sollten Sie die Gemüsebrühe und Sahne unterrühren, bis eine cremige Suppe entsteht. Geben Sie dann die gewürfelten Kartoffeln, Karotten und Sellerie hinzu und lassen Sie das Gemüse 10 Minuten köcheln, bis es weich ist.

3 Fügen Sie die Gewürze hinzu und rühren Sie gut um. Geben Sie schließlich die gemischten Meeresfrüchte in die Suppe und lassen Sie sie weitere 5 bis 10 Minuten köcheln, bis sie gar sind.

4 Schmecken Sie die Suppe mit Salz und Pfeffer ab und servieren Sie sie.

FISH & CHIPS – FRITTIERTES FISCHFILET MIT KARTOFFELSTÄBCHEN

4 Port.

40 Min.

Leicht

Zutaten

4 Kabeljaufilets
1 Tasse Mehl
1 TL Backpulver
½ TL Salz
½ TL Pfeffer
1 Tasse Bier
2 große Kartoffeln
Öl zum Frittieren
Zitronenscheiben zum Garnieren

Nährwerte p. P.

600 kcal
55 g Kohlenhydrate
35 g Fett
25 g Eiweiß

1 Schälen und waschen Sie die Kartoffeln und schneiden Sie sie anschließend in Stäbchen.

2 Erhitzen Sie das Öl in einem großen Topf auf 170 °C.

3 In einer Schüssel mischen Sie das Mehl, Backpulver, Salz und Pfeffer zusammen. Fügen Sie nach und nach das Bier hinzu, bis ein glatter Teig entsteht.

4 Tauchen Sie die Kabeljaufilets in den Teig und lassen Sie überschüssigen Teig abtropfen.

5 Legen Sie die Kabeljaufilets in das heiße Öl und frittieren Sie sie 5 bis 7 Minuten lang, bis sie goldbraun und knusprig sind. Legen Sie sie auf ein Papiertuch, um überschüssiges Öl abzutropfen.

6 Fügen Sie nun die Kartoffelstäbchen zum heißen Öl hinzu und frittieren Sie sie 5 bis 7 Minuten lang, bis sie goldbraun und knusprig sind. Legen Sie sie auf ein Papiertuch, um überschüssiges Öl abzutropfen.

7 Servieren Sie die Kabeljaufilets und die Kartoffelstäbchen auf einem Teller und garnieren Sie sie mit Zitronenscheiben.

EBLY – FISCHPFANNE

2 Port.

25 Min.

Leicht

Zutaten

200 g Ebly
400 ml Wasser
1 TL Salz
1 EL Olivenöl

Nährwerte p. P.

189 kcal
33 g Kohlenhydrate
4 g Fett
5 g Eiweiß

1 Geben Sie das Wasser und das Salz in einen Topf und bringen Sie es zum Kochen.

2 Geben Sie den Ebly in das kochende Wasser und lassen Sie ihn für etwa 10 bis 12 Minuten köcheln, bis er weich ist.

3 Gießen Sie den Ebly in ein Sieb und lassen Sie ihn abtropfen.

4 Geben Sie den Ebly zurück in den Topf und fügen Sie das Olivenöl hinzu. Rühren Sie den Ebly um, damit das Olivenöl gleichmäßig verteilt ist.

5 Servieren Sie den Ebly als Beilage zu Ihrem Lieblingsgericht.

CLAM CHOWDER – MUSCHELSUPPE

 4 Port.  50 Min.  Leicht

Zutaten

4 Scheiben Speck, gehackt
1 Zwiebel, gehackt
2 Knoblauchzehen, gehackt
2 EL Butter
2 EL Mehl
4 Tassen Hühner- oder Gemüsebrühe
2 Kartoffeln, geschält und gewürfelt
2 Dosen gehackte Venusmuscheln, abgetropft
1 Tasse Sahne
Salz und Pfeffer nach Geschmack
Frischer Schnittlauch oder Petersilie zum Garnieren

Nährwerte p. P.

345 kcal
22 g Kohlenhydrate
23 g Fett
13 g Eiweiß

1 In einem großen Topf den Speck bei mittlerer Hitze knusprig braten.

2 Nehmen Sie den Speck aus dem Topf und stellen Sie ihn beiseite.

3 Braten Sie in dem Topf die Zwiebel und den Knoblauch im Speckfett, bis sie weich sind.

4 Die Butter hinzufügen und schmelzen lassen.

5 Fügen Sie das Mehl hinzu und rühren Sie gut um, um eine Mehlschwitze zu bilden.

6 Unter ständigem Rühren fügen Sie nach und nach die Brühe hinzu und lassen sie aufkochen.

7 Fügen Sie die Kartoffeln hinzu und lassen Sie sie köcheln, bis sie weich sind.

8 Die abgetropften Venusmuscheln und die Sahne hinzufügen und gut umrühren. Nicht mehr kochen lassen, da die Sahne sonst gerinnt.

9 Schmecken Sie mit Pfeffer und Salz ab.

10 Garnieren Sie mit dem gebratenen Speck und frischem Schnittlauch oder Petersilie.

FISH PIE – FISCH-PASTETE

4 Port.

50 Min.

Leicht

Zutaten

50 g Cheddar-Käse
2 EL Milch
2 Eier, hart gekocht und gehackt
40 g graue Garnelen, geschält
30 g Mehl
5 schwarze Pfefferkörner
1 Lorbeerblatt
350 g Kabeljau, ohne Haut
2 EL Olivenöl
1 Stange Lauch, geputzt, in Scheiben geschnitten
½ L warme Milch
50 g Butter
400 g Kartoffeln
Pfeffer und Salz

Nährwerte p. P.

149 kcal
11 g Kohlenhydrate
9 g Fett
5 g Eiweiß

1 Heizen Sie den Ofen auf 195 °C Umluft vor. Kochen Sie die geschälten Kartoffeln in Salzwasser gar und lassen Sie sie abtropfen. Pürieren Sie die Kartoffeln.

2 Braten Sie das Püree für 2 Minuten in einer Pfanne, geben Sie dann 2 EL warme Milch und 25 g Butter dazu. Würzen Sie mit Pfeffer und Salz und rühren Sie gründlich um.

3 Erhitzen Sie das Olivenöl in einer Pfanne und geben Sie den Lauch hinein, braten Sie ihn weich an.

4 Geben Sie den Fisch in eine weitere Pfanne, fügen Sie Pfefferkörner, Milch und das Lorbeerblatt hinzu und bringen Sie die Menge zum Kochen. Legen Sie einen Deckel auf und lassen Sie alles für 7 Minuten kochen.

5 Lassen Sie den Fisch abtropfen, entfernen Sie Pfefferkörner und Lorbeerblatt aus der Milch. Schmelzen Sie die übrige Butter und geben Sie Butter und Mehl zur Milch. Rühren Sie die Mischung zu einer Soße.

6 Schneiden Sie den Fisch klein und geben Sie Fisch und Garnelen auf ein Backblech. Würzen Sie mit Salz und Pfeffer. Legen Sie auch den Lauch und das gehackte Ei dazu und gießen Sie die Soße über. Obendrauf verteilen Sie das Püree und reiben den Cheddar-Käse über die Menge.

7 Backen Sie die Pastete für 30 Minuten im Backofen.

Hauptspeisen mit Fisch

CHESHIRE PORK PIE – SCHWEINEFLEISCH-KUCHEN

4 Port.

1 Std.
30 Min.

Leicht

Zutaten

Pfeffer und Salz
1 Prise Muskatnuss
50 g Butter
100 ml Wasser
100 ml Weißwein
2 saure Äpfel, gewürfelt
1 EL Salbei, gehackt
600 g Schweinelenden, in Streifen geschnitten
1 EL Zitronenzeste
3 Zwiebeln, in dünnen Ringen
1 Ei
2 EL Mehl zum Bestäuben
350 g Blätterteig

Nährwerte p. P.

270 kcal
1 g Kohlenhydrate
5 g Fett
7 g Eiweiß

1 Vermischen Sie die Zitronenzeste mit den Zwiebelringen. Geben Sie eine Lage Zwiebeln in 4 Suppentassen, würzen Sie mit Muskat, Pfeffer und Salz. Geben Sie dann eine Lage Fleisch darauf und füllen Sie mit Zwiebeln, Salbei und Apfelwürfeln auf.

2 Schichten Sie die übrigen Zutaten in der gleichen Reihenfolge weiter auf, bis alles aufgebraucht ist. Schließen Sie mit den Zwiebeln ab.

3 Vermischen Sie den Wein mit dem Wasser und gießen Sie die Suppentassen damit auf. Setzen Sie auf jede Tasse ein Stückchen Butter.

4 Rollen Sie den Blätterteig auf einer bemehlten Arbeitsfläche aus und stechen Sie Deckel für die Suppentassen daraus aus. Bestreichen Sie die Teigstücke mit dem Ei.

5 Heizen Sie den Backofen auf 190 °C Ober-/Unterhitze vor und backen Sie die Tassen für etwa 1 Stunde darin.

BANGER'S MASH – GEBRATENE WÜRSTCHEN MIT KARTOFFELPÜREE

4 Port.

40 Min.

Leicht

Zutaten

4 Würstchen („Bangers")
4 große Kartoffeln
¼ Tasse Milch
¼ Tasse Butter
Salz und Pfeffer nach Geschmack
Optional: Zwiebeln und Gemüse nach Wahl

Nährwerte p. P.

600 kcal
42 g Kohlenhydrate
38 g Fett
25 g Eiweiß

1 Schälen Sie die Kartoffeln und schneiden Sie sie in kleine Stücke. In einem Topf mit Salzwasser zum Kochen bringen und für 15 bis 20 Minuten kochen, bis sie weich sind.

2 Währenddessen braten Sie die Würstchen in einer Pfanne, bis sie von allen Seiten goldbraun sind.

3 Optional: In derselben Pfanne Zwiebeln und Gemüse nach Wahl braten, bis sie weich sind.

4 Lassen Sie die weichen Kartoffeln abtropfen und geben Sie sie in eine Schüssel. Milch und Butter hinzufügen und mit einem Kartoffelstampfer oder Mixer pürieren, bis eine glatte Masse entsteht.

5 Schmecken Sie mit Salz und Pfeffer ab.

6 Den Kartoffelstampf in einer Schüssel anrichten und die Würstchen darauflegen.

7 Nach Belieben die Zwiebeln und Gemüse nach Wahl dazu servieren.

CORNISH PASTY – RINDERPASTETE IM TEIG

4 Port.

1 Std.
30 Min.

Leicht

Zutaten

350 g Mehl
175 g Butter
125 ml Wasser

Für die Füllung:
500 g Rindfleisch
1 große Zwiebel
2 mittelgroße Kartoffeln
2 mittelgroße Karotten
Salz und Pfeffer nach Geschmack

Nährwerte p. P.

541 kcal
44 g Kohlenhydrate
32 g Fett
19 g Eiweiß

1 Heizen Sie den Ofen auf 200 °C Umluft vor.

2 Geben Sie Mehl und Butter in eine Schüssel und verreiben Sie sie mit den Fingern zu einer sandigen Mischung.

3 Fügen Sie das Wasser hinzu und kneten Sie alles zu einem Teig zusammen. Wickeln Sie den Teig in Folie und lassen Sie ihn mindestens 30 Minuten im Kühlschrank ruhen.

4 Für die Füllung schneiden Sie das Rindfleisch, die Zwiebel, die Kartoffeln und die Karotten in kleine Stücke und mischen alles in einer Schüssel zusammen. Würzen Sie die Mischung mit Salz und Pfeffer.

5 Rollen Sie den Teig aus und schneiden Sie ihn in vier gleich große Kreise.

6 Legen Sie auf jeden Kreis eine Portion der Füllung. Klappen Sie die Teigränder um die Füllung herum und drücken Sie sie gut zusammen. Stechen Sie mit einer Gabel Löcher in den Teig, damit beim Backen Luft entweichen kann.

7 Legen Sie die Pasteten auf ein Backblech und backen Sie sie im vorgeheizten Ofen ca. 45 Minuten, bis sie goldbraun sind.

MEAT PIE

4 Port.

2 Std.
30 Min.

Leicht

Zutaten

Für den Teig:
225 g Mehl
115 g Butter, kalt
1 Ei
2 - 3 EL kaltes Wasser
½ TL Salz

Für die Füllung:
500 g Rindfleisch, in Würfel geschnitten
1 Zwiebel, gehackt
2 Knoblauchzehen, gehackt
2 EL Olivenöl
1 EL Tomatenmark
250 ml Rindfleischbrühe
2 Karotten, geschält und in Scheiben geschnitten
1 Selleriestange, in Scheiben geschnitten
1 TL getrockneter Thymian
1 TL Worcestershiresauce
1 Ei, verquirlt

Nährwerte p. P.

442 kcal
29 g Kohlenhydrate
24 g Fett
26 g Eiweiß

1 Für den Teig sollten Sie Mehl und Salz in eine Schüssel sieben. Anschließend arbeiten Sie die Butter mit den Fingern in das Mehl ein, bis es wie feuchter Sand aussieht. Fügen Sie ein Ei hinzu und hacken Sie den Teig mit einem Messer, bis er sich zusammenfügt. Falls nötig, können Sie etwas Wasser hinzufügen. Wickeln Sie den Teig in Folie ein und lassen Sie ihn mindestens 30 Minuten im Kühlschrank ruhen.

2 Heizen Sie den Ofen auf 180 °C Ober-/Unterhitze vor.

3 Für die Füllung braten Sie das Rindfleisch in einer großen Pfanne mit Olivenöl an, bis es braun ist. Fügen Sie die Zwiebel und den Knoblauch hinzu und braten Sie sie für 5 Minuten an.

4 Geben Sie das Tomatenmark hinzu und rühren Sie es unter. Fügen Sie die Rindfleischbrühe, Karotten, Sellerie, Thymian und Worcestershiresauce hinzu und bringen Sie die Mischung zum Kochen.

5 Verringern Sie die Hitze und lassen Sie die Mischung zugedeckt für 1,5 bis 2 Stunden köcheln, bis das Rindfleisch zart ist.

6 Teilen Sie den Teig in zwei Teile und rollen Sie jeden Teil auf einer bemehlten Arbeitsfläche aus, um zwei Kreise zu formen. Legen Sie einen Kreis in eine 23-cm-Kuchenform.

7 Füllen Sie die Form mit der Rindfleischmischung und bedecken Sie sie mit dem zweiten Teigkreis. Schneiden Sie den überschüssigen Teig ab und drücken Sie die Kanten mit einer Gabel zusammen.

8 Bestreichen Sie die Oberseite des Teigs mit einem verquirlten Ei und backen Sie die Fleischpastete etwa 45 Minuten lang, bis der Teig goldbraun ist.

PIGS IN BLANKETS – SCHWEINEWURST IM MANTEL

2 – 3 Port.

30 Min.

Leicht

Zutaten

1 Packung Würstchen (z. B. Cocktail-Würstchen)
1 Packung Blätterteig (ausgerollt)
1 Ei
Optional: Senf oder Ketchup zum Dippen

Nährwerte p. P.

325 kcal
18 g Kohlenhydrate
22 g Fett
10 g Eiweiß

1 Bitte heizen Sie den Ofen auf 200 °C Umluft vor. Anschließend können Sie den Blätterteig ausrollen und in 12 gleich große Streifen schneiden. Wickeln Sie jedes Würstchen mit einem Streifen Blätterteig ein, sodass es vollständig von Teig umschlossen ist, und legen Sie die Pigs in Blankets auf ein mit Backpapier ausgelegtes Backblech.

2 Verquirlen Sie das Ei und bestreichen Sie damit die Pigs in Blankets. Backen Sie sie im Ofen für etwa 20 Minuten, bis der Blätterteig goldbraun und knusprig ist.

3 Nach Belieben können Sie die Pigs in Blankets mit Senf oder Ketchup servieren.

HAGGIS – INNEREIEN IM PAKET

 4 Port.  30 Min.  Leicht

Zutaten

1 Lamm- oder Schafsleber
1 Lamm- oder Schafsherz
450 g Lamm- oder Rindfleisch, gehackt
225 g Zwiebeln, fein gehackt
225 g Hafermehl oder Haferflocken
1 TL gemahlener Pfeffer
1 TL gemahlener Ingwer
1 TL gemahlene Nelken
1 TL gemahlene Muskatnuss
1 TL gemahlener Koriander
1 TL Salz
125 ml Rinderbrühe
2 EL Schmalz

Nährwerte p. P.

213 kcal
8 g Kohlenhydrate
13 g Fett
15 g Eiweiß

1 Sie beginnen damit, die Lamm- oder Schafsleber und das Lamm- oder Schafsherz gründlich zu waschen und in einem großen Topf mit Wasser zum Kochen zu bringen. Reduzieren Sie dann die Hitze und lassen Sie das Fleisch 1 bis 2 Stunden köcheln, bis es gar ist.

2 Nehmen Sie die Leber und das Herz aus dem Topf und hacken Sie sie fein. Hacken Sie auch das Fleisch fein und geben Sie es zusammen mit den gehackten Zwiebeln in eine große Schüssel.

3 Fügen Sie Hafermehl, Pfeffer, Ingwer, Nelken, Muskatnuss, Koriander und Salz hinzu und vermischen Sie alles gut. Geben Sie nach und nach Rinderbrühe hinzu, bis eine feste Masse entsteht.

4 Rühren Sie die Leber- und Herzstücke in die Masse ein und vermischen Sie alles gut.

5 Legen Sie ein großes Stück Alufolie auf eine Arbeitsfläche und bestreichen Sie es mit Schmalz. Legen Sie die Haggis-Mischung auf die Mitte der Folie und verschließen Sie die Folie zu einem dichten Paket.

6 Geben Sie das Haggis-Paket in einen großen Topf mit kochendem Wasser und lassen Sie es ca. 3 Stunden köcheln.

7 Nehmen Sie das Haggis-Paket vor dem Servieren aus der Folie und schneiden Sie es in Scheiben.

BEEF WELLINGTON – INNEREIEN IM PAKET

4 Port. 1 Std. Leicht

Zutaten

1 kg Rinderfilet
500 g Blätterteig
300 g Champignons
1 Zwiebel
2 Knoblauchzehen
1 EL Senf
2 EL Olivenöl
2 EL Butter
2 EL Petersilie, gehackt
Salz und Pfeffer
1 Eigelb

Nährwerte p. P.

621 kcal
26 g Kohlenhydrate
42 g Fett
32 g Eiweiß

1 Sie heizen den Ofen auf 200 °C vor.

2 Das Rinderfilet wird von Sehnen befreit und mit Salz und Pfeffer gewürzt. In einer Pfanne braten Sie es von allen Seiten mit 2 EL Olivenöl an, bis es rundherum braun ist. Danach nehmen Sie es aus der Pfanne und lassen es abkühlen.

3 Nun putzen Sie die Champignons und hacken sie fein. Zwiebel und Knoblauch schälen und ebenfalls fein hacken. In einer Pfanne erhitzen Sie 2 EL Butter und braten darin die Champignons, Zwiebeln und Knoblauch an, bis sie weich sind. Mit Salz und Pfeffer würzen und abkühlen lassen.

4 Als Nächstes rollen Sie den Blätterteig aus und legen das Rinderfilet darauf. Sie bestreichen es mit Senf und bedecken es dann mit der Pilzmischung. Die Petersilie streuen Sie darüber. Wickeln Sie den Blätterteig um das Rinderfilet und bestreichen Sie die Ränder mit Eigelb, damit sie gut verschlossen sind.

5 Legen Sie das Beef Wellington auf ein mit Backpapier ausgelegtes Backblech und backen es im vorgeheizten Ofen ca. 35 bis 40 Minuten lang, bis der Blätterteig goldbraun und knusprig ist.

6 Vor dem Servieren schneiden Sie das Beef Wellington in Scheiben.

VEAL PIE – KALBFLEISCH-AUFLAUF

4 Port. 1 Std. Leicht

Zutaten

500 g Kalbfleisch, gewürfelt
2 EL Olivenöl
1 Zwiebel, gehackt
2 Karotten, gewürfelt
2 Stangen Sellerie, gewürfelt
2 Knoblauchzehen, gehackt
2 EL Mehl
500 ml Rinderbrühe
2 EL Tomatenmark
1 EL Worcestershiresauce
1 EL gehackte frische Petersilie
1 Blätterteigrolle
1 Ei, verquirlt
Salz und Pfeffer nach Geschmack

Nährwerte p. P.

474 kcal
25 g Kohlenhydrate
26 g Fett
33 g Eiweiß

1 Sie heizen den Ofen auf 200 °C Umluft vor. Braten Sie das Kalbfleisch in einer Pfanne mit Olivenöl an, bis es braun ist. Nehmen Sie das Fleisch aus der Pfanne und stellen Sie es beiseite. Braten Sie in derselben Pfanne die Zwiebeln, Karotten, Sellerie und Knoblauch an, bis sie weich sind. Streuen Sie das Mehl über das Gemüse und rühren Sie es gut um.

2 Geben Sie nach und nach die Rinderbrühe hinzu und lassen Sie die Sauce unter Rühren köcheln, bis sie dick wird. Fügen Sie das Tomatenmark, Worcestershiresauce und Petersilie hinzu und vermischen Sie es gut. Schmecken Sie die Sauce mit Salz und Pfeffer ab.

3 Geben Sie das gebratene Kalbfleisch in die Sauce und vermengen Sie es gut. Geben Sie die Mischung in eine große ofenfeste Pieform. Rollen Sie den Blätterteig aus und legen Sie ihn auf die Pieform. Drücken Sie die Ränder an und schneiden Sie den überschüssigen Teig ab.

4 Bestreichen Sie den Teig mit dem verquirlten Ei und stechen Sie mit einem Messer einige Löcher in den Teig. Backen Sie die Pie im vorgeheizten Ofen für 30 bis 35 Minuten, bis der Teig goldbraun ist und die Füllung heiß und durchgegart ist. Lassen Sie die Pie vor dem Servieren etwas abkühlen.

Desserts

SCONES – BRÖTCHEN ZUR TEA TIME

8 Port.

30 Min.

Leicht

Zutaten

225 g Mehl
½ TL Salz
2 TL Backpulver
50 g kalte Butter, in kleine Stücke geschnitten
25 g Zucker
150 ml Milch
1 Ei, verquirlt (zum Bestreichen)

Nährwerte p. P.

170 kcal
23 g Kohlenhydrate
7 g Fett
3 g Eiweiß

1 Heizen Sie den Ofen auf 220 °C Umluft vor.

2 Sieben Sie das Mehl, Salz und Backpulver in eine Schüssel und geben Sie die kalten Butterstücke hinzu.

3 Reiben Sie die Butter mit den Fingern in das Mehl, bis es eine sandige Textur hat.

4 Fügen Sie den Zucker hinzu und rühren Sie ihn unter.

5 Gießen Sie die Milch hinzu und rühren Sie alles schnell durch, bis ein klebriger Teig entsteht.

6 Kneten Sie den Teig ein paarmal auf einer bemehlten Arbeitsfläche und formen Sie ihn dann zu einem runden Fladen von etwa 2 cm Dicke.

7 Schneiden Sie den Fladen in 8 Dreiecke und legen Sie sie auf ein gefettetes Backblech.

8 Bestreichen Sie die Oberseite jedes Dreiecks mit dem verquirlten Ei.

9 Backen Sie die Scones für 12 bis 15 Minuten oder bis sie goldbraun und durchgebacken sind.

10 Nehmen Sie die Scones aus dem Ofen und legen Sie sie auf ein Kuchengitter, um sie abkühlen zu lassen.

STRAWBERRY FOOL – ERDBEER-SAHNE-BECHER

2 Port.

1 Std. 20 Min.

Leicht

Zutaten

500 g frische Erdbeeren, gewaschen und gehackt
100 g Zucker
1 TL Vanilleextrakt
250 ml Sahne
Frische Minzblätter zum Garnieren

Nährwerte p. P.

332 kcal
29 g Kohlenhydrate
22 g Fett
2 g Eiweiß

1 Um das Strawberry Fool zuzubereiten, sollten Sie in einem Topf die gehackten Erdbeeren, Zucker und Vanilleextrakt vermischen und unter gelegentlichem Rühren bei mittlerer Hitze etwa 10 Minuten kochen lassen, bis die Erdbeeren weich sind und der Zucker sich aufgelöst hat. Anschließend sollten Sie die Mischung abkühlen lassen.

2 In einer separaten Schüssel können Sie die Sahne steif schlagen.

3 Danach sollten Sie die gekochten Erdbeeren vorsichtig unter die geschlagene Sahne heben, bis alles gut vermischt ist.

4 Die Mischung kann dann in Gläser gefüllt und für mindestens 1 Stunde lang kalt gestellt werden.

5 Vor dem Servieren garnieren Sie das Strawberry Fool mit frischen Minzblättern.

JAM ROLY POLY – SÜẞE TEIGROLLEN

2 – 4 Port.

1 Std. 15 Min.

Leicht

Zutaten

225 g selbsttreibendes Mehl
115 g ungesalzene Butter, gewürfelt
115 g Zucker
1 Ei
3 EL Milch
150 g Marmelade oder Konfitüre Ihrer Wahl
1 Prise Salz

Nährwerte p. P.

439 kcal
65 g Kohlenhydrate
17 g Fett
5 g Eiweiß

1 Den Ofen auf 180 °C Ober-/Unterhitze vorheizen und eine feuerfeste Schüssel oder eine Auflaufform bereitstellen.

2 In einer Schüssel sollten Sie Mehl und eine Prise Salz vermischen. Geben Sie dann die gewürfelte Butter hinzu und reiben Sie diese mit den Fingern, bis die Mischung bröselig wird. Anschließend sollten Sie Zucker, Ei und Milch dazugeben und alles zu einem Teig vermengen.

3 Rollen Sie den Teig auf einer bemehlten Oberfläche aus, bis er etwa 1 cm dick ist. Bestreichen Sie dann den Teig mit Marmelade oder Konfitüre Ihrer Wahl und formen Sie ihn vorsichtig zu einer Rolle.

4 Legen Sie die Rolle in eine feuerfeste Schüssel oder Auflaufform und decken Sie diese mit einem Deckel oder Alufolie ab. Backen Sie das Jam Roly Poly etwa 1 Stunde im Ofen, bis es goldbraun und aufgegangen ist.

5 Nehmen Sie das Gericht aus dem Ofen und lassen Sie es vor dem Servieren etwas abkühlen.

BANOFFEE PIE – BANANE-TOFFEE-DESSERT

2 – 4 Port. | 1 Std. 15 Min. | Leicht

Zutaten

200 g Digestive-Kekse
100 g Butter, geschmolzen
400 ml Kondensmilch
3 Bananen, in Scheiben geschnitten
300 ml Schlagsahne
Kakao zum Bestäuben

Nährwerte p. P.

429 kcal
50 g Kohlenhydrate
30 g Fett
4 g Eiweiß

1 Zerbröseln Sie die Digestive-Kekse in einer Schüssel. Geben Sie die geschmolzene Butter hinzu und mischen Sie alles gut durch.

2 Füllen Sie die Mischung in eine 23 cm große Backform und drücken Sie sie mit einem Löffel gleichmäßig fest. Stellen Sie die Form in den Kühlschrank und lassen Sie den Boden dort für etwa 30 Minuten fest werden.

3 Währenddessen können Sie die Kondensmilch in einer Pfanne erhitzen und unter ständigem Rühren etwa 10 bis 15 Minuten köcheln lassen, bis sie karamellisiert und dick wird.

4 Nehmen Sie den gekühlten Keksboden aus dem Kühlschrank und belegen Sie ihn mit den Bananenscheiben. Verteilen Sie anschließend die karamellisierte Kondensmilch darauf.

5 Schlagen Sie die Schlagsahne steif und verteilen Sie sie gleichmäßig auf der Kondensmilch.

6 Bestäuben Sie den Banoffee Pie mit etwas Kakao und stellen Sie ihn für mindestens 2 Stunden oder über Nacht in den Kühlschrank, damit er fest wird.

STICKY TOFFEE PUDDING – KLEBRIGER DATTEL-PUDDING

2 – 4 Port.

1 Std.

Leicht

Zutaten

200 g entsteinte Datteln, grob gehackt
250 ml Wasser
1 TL Natron
85 g Butter, weich
175 g brauner Zucker
2 Eier
1 TL Vanilleextrakt
200 g Mehl
1 TL Backpulver
1 Prise Salz

Nährwerte p. P.

427 kcal
66 g Kohlenhydrate
17 g Fett
4 g Eiweiß

1 Um den Sticky Toffee Pudding zuzubereiten, sollten Sie zuerst den Ofen auf 180 °C Umluft vorheizen und eine rechteckige Backform (ca. 20 × 30 cm) mit Backpapier auslegen.

2 Bringen Sie dann die gehackten Datteln mit dem Wasser in einem Topf zum Kochen und fügen Sie das Natron hinzu. Rühren Sie die Mischung gut um und nehmen Sie sie vom Herd, um sie beiseitezustellen.

3 In einer großen Schüssel sollten Sie die weiche Butter mit dem braunen Zucker cremig schlagen. Fügen Sie dann die Eier einzeln hinzu und verrühren Sie sie gut. Fügen Sie den Vanilleextrakt hinzu.

4 Vermischen Sie das Mehl, Backpulver und Salz miteinander und rühren Sie die Mischung unter die Ei-Butter-Mischung.

5 Geben Sie die Dattelmischung zur Ei-Butter-Mischung und rühren Sie alles gut unter.

6 Füllen Sie den Teig in die vorbereitete Backform und streichen Sie ihn glatt. Backen Sie den Pudding im vorgeheizten Ofen für ca. 30 bis 35 Minuten, bis er aufgegangen und goldbraun ist. Während der Pudding im Ofen ist, sollten Sie die Zutaten für die Sauce in einem Topf erhitzen und unter Rühren aufkochen lassen, bis der Zucker vollständig aufgelöst ist und die Sauce leicht eingedickt ist.

7 Nehmen Sie den Pudding aus dem Ofen und lassen Sie ihn in der Form abkühlen. Schneiden Sie ihn vor dem Servieren in Stücke und servieren Sie ihn mit der warmen Toffeesauce. Guten Appetit!

CLASSIC ENGLISH ETON MESS – ERDBEER-BAISER

2 Port.

50 Min.

Leicht

Zutaten

400 g frische Erdbeeren
500 ml Schlagsahne
3 EL Puderzucker
4 - 5 Baiser-Nester
Optional: Minzblätter zur Dekoration

Nährwerte p. P.

390 kcal
28 g Kohlenhydrate
29 g Fett
3 g Eiweiß

1 Sie sollten zuerst die Erdbeeren waschen, putzen und halbieren.

2 Dann können Sie die Sahne in eine große Schüssel geben und mit einem Handrührgerät steif schlagen.

3 Fügen Sie den Puderzucker hinzu und schlagen Sie kurz weiter, bis alles gut vermischt ist.

4 Nun sollten Sie die Baiser-Nester grob zerkleinern und in die Schlagsahne geben. Heben Sie die Baisers vorsichtig unter, sodass sie nicht vollständig zerkleinert werden.

5 Geben Sie anschließend die Erdbeeren ebenfalls vorsichtig unter die Schlagsahne und heben Sie sie unter.

6 Füllen Sie den Eton Mess in Gläser oder Schalen und stellen Sie ihn für ca. 30 Minuten im Kühlschrank kalt.

7 Optional können Sie vor dem Servieren einige Minzblätter als Dekoration hinzufügen.

MINCE PIES – MINCEMEAT-STÜCKCHEN

6 – 8 Port.

1 Std. 15 Min.

Leicht

Zutaten

Für den Teig benötigen Sie:
225 g Mehl
115 g Butter, kalt
1 Ei
1 EL Zucker
2 - 3 EL kaltes Wasser

Für die Füllung benötigen Sie:
225 g Mincemeat (britische Füllung für Gebäck)
1 EL Orangensaft
1 TL geriebene Orangenschale
1 TL geriebene Zitronenschale
1 Eiweiß

Nährwerte p. P.

226 kcal
31 g Kohlenhydrate
10 g Fett
2 g Eiweiß

1 Für den Teig Mehl und Zucker in eine Schüssel sieben und Butter in kleine Stücke schneiden. Mit den Fingern in das Mehl einarbeiten, bis es aussieht wie feuchter Sand. Das Ei hinzufügen und mit einem Messer in den Teig hacken, bis er zusammenkommt. Fügen Sie Wasser hinzu, falls notwendig. Den Teig in Folie einwickeln und mindestens 30 Minuten im Kühlschrank ruhen lassen.

2 Ofen auf 200 °C Umluft vorheizen. Die Mulden eines Muffinblechs einfetten.

3 Für die Füllung das Mincemeat, Orangensaft, Orangen- und Zitronenschale vermischen.

4 Den Teig auf einer bemehlten Arbeitsfläche ausrollen und Kreise ausstechen, die groß genug sind, um die Muffinmulden auszufüllen. Legen Sie die Kreise in die Mulden und drücken Sie sie sanft an die Seiten.

5 Füllen Sie jede Mulde mit einem Esslöffel der Mincemeat-Mischung.

6 Rollen Sie den restlichen Teig aus und schneiden Sie Sterne aus. Legen Sie einen Stern auf jeden Mince Pie. Pinseln Sie den Teig mit Eiweiß ein.

7 Backen Sie die Pies für ca. 20 Minuten, bis sie goldbraun sind.

YORKSHIRE PUDDING – DEFTIGE TEIG-BEILAGE

6 – 8 Port.

1 Std. 15 Min.

Leicht

Zutaten

120 g Mehl
2 Eier
200 ml Milch
2 EL Rindertalg oder Öl
Salz und Pfeffer nach Geschmack

Nährwerte p. P.

280 kcal
23 g Kohlenhydrate
9 g Fett
8 g Eiweiß

1 Um Yorkshire Puddings zuzubereiten, sollten Sie den Ofen auf 220 °C Umluft vorheizen. In einer Schüssel das Mehl mit den Eiern und der Milch gut vermischen, bis ein glatter Teig entsteht. Den Teig etwa 30 Minuten ruhen lassen.

2 In einer Muffinform oder einer großen feuerfesten Schüssel den Rindertalg oder das Öl erhitzen, bis es heiß ist.

3 Den Teig in die Förmchen oder die Schüssel gießen und im heißen Fett im Ofen etwa 20 bis 25 Minuten backen, bis die Yorkshire Puddings aufgegangen und goldbraun sind.

4 Mit Salz und Pfeffer würzen und heiß servieren.

Soßen, Dips & Aufstriche

CURD LEMON – ZITRONEN-CREME

8 – 10 Port.

30 Min.

Leicht

Zutaten

4 Eier
200 g Zucker
125 g Butter, in kleine Stücke geschnitten
Saft von 2 Zitronen
Zitronenschale von 2 Zitronen

Nährwerte p. P.

120 kcal
12 g Kohlenhydrate
8 g Fett
1 g Eiweiß

1 In einer hitzebeständigen Schüssel sollten Sie die Eier und den Zucker gut vermischen.

2 Fügen Sie den Zitronensaft und die Zitronenschale hinzu und vermengen Sie alles gut miteinander.

3 Stellen Sie die Schüssel über einen Topf mit kochendem Wasser (Wasserbad) und fügen Sie unter ständigem Rühren die Butter hinzu, bis sie geschmolzen ist und alles gut miteinander vermischt ist.

4 Erhitzen Sie die Mischung weiter unter ständigem Rühren, bis sie dick wird (ca. 10 bis 15 Minuten).

5 Nehmen Sie die Schüssel vom Herd und streichen Sie die Mischung durch ein feines Sieb, um die Zitronenschale zu entfernen.

6 Füllen Sie die Mischung in saubere sterilisierte Gläser und lassen Sie sie abkühlen.

7 Bewahren Sie die Gläser im Kühlschrank auf und verbrauchen Sie das Lemon Curd innerhalb von 2 Wochen.

8 Lemon Curd eignet sich wunderbar als Brotaufstrich oder als Füllung für Torten und Cupcakes.

BARBECUE SAUCE – GRILLSOSSE

6 Port.

25 Min.

Leicht

Zutaten

2 Tassen Ketchup
½ Tasse brauner Zucker
¼ Tasse Apfelessig
1 EL Worcestershiresauce
1 EL Senf
1 TL Paprikapulver
1 TL Knoblauchpulver
1 TL Zwiebelpulver
Salz und Pfeffer nach Geschmack

Nährwerte p. P.

70 kcal
18 g Kohlenhydrate
0 g Fett
0 g Eiweiß

1 In einem mittelgroßen Topf sollten Sie alle Zutaten vermischen und unter ständigem Rühren erhitzen, bis sich der Zucker aufgelöst hat.

2 Anschließend sollten Sie die Soße bei niedriger Hitze für etwa 15 Minuten köcheln lassen, dabei gelegentlich umrühren.

3 Danach sollten Sie die Soße vom Herd nehmen und abkühlen lassen.

4 Füllen Sie die Soße in ein Glasgefäß und bewahren Sie es im Kühlschrank auf.

APPLE SAUCE – SÜßE APFEL-SOßE

6 Port.

40 Min.

Leicht

Zutaten

4 Äpfel, geschält, entkernt und in Stücke geschnitten
2 EL Zucker
1 TL Zimt
½ TL Muskatnuss
½ TL Ingwer
½ TL Salz
½ Tasse Wasser

Nährwerte p. P.

80 kcal
21 g Kohlenhydrate
0 g Fett
0 g Eiweiß

1 Schneiden Sie die Äpfel in Stücke und geben Sie sie in einen mittelgroßen Topf. Fügen Sie Zucker, Zimt, Muskatnuss, Ingwer, Salz und Wasser hinzu und vermischen Sie alles gut.

2 Bringen Sie die Mischung bei mittlerer Hitze zum Kochen und reduzieren Sie dann die Hitze. Lassen Sie die Mischung etwa 20 Minuten köcheln, bis die Äpfel weich sind.

3 Nehmen Sie die Mischung vom Herd und pürieren Sie sie mit einem Pürierstab oder einem Mixer, bis sie glatt ist. Füllen Sie die Soße in ein Glasgefäß und lassen Sie sie abkühlen.

4 Bewahren Sie die Soße im Kühlschrank auf und verbrauchen Sie sie innerhalb von 2 Wochen.

CUMBERLAND SAUCE – ROTE FRUCHTMARMELADE

 6 Port.
 30 Min.
 Leicht

Zutaten

200 ml Orangensaft
100 ml Zitronensaft
2 EL Rote Johannisbeermarmelade
2 EL Orangenmarmelade
1 EL Senf
1 EL Worcestershiresauce
1 EL Zucker
1 Prise Salz
1 TL geriebene Orangenschale
1 TL geriebene Zitronenschale
1 EL Speisestärke
2 EL Wasser

Nährwerte p. P.

56 kcal
14 g Kohlenhydrate
0 g Fett
0 g Eiweiß

1 Um Cumberland Sauce zuzubereiten, geben Sie zunächst Orangen- und Zitronensaft in einen mittelgroßen Topf und erhitzen ihn bei mittlerer Hitze.

2 Fügen Sie dann Rote Johannisbeermarmelade, Orangenmarmelade, Senf, Worcestershiresauce, Zucker, Salz und geriebene Orangen- und Zitronenschale hinzu und rühren alles gut um.

3 Lassen Sie die Sauce bei niedriger Hitze etwa 10 bis 15 Minuten köcheln, bis sie leicht eingedickt ist.

4 Lösen Sie Speisestärke in Wasser auf und geben Sie sie zur Sauce. Rühren Sie gut um und lassen Sie die Sauce weitere 5 Minuten köcheln, bis sie die gewünschte Konsistenz erreicht hat.

5 Nehmen Sie die Sauce vom Herd und lassen Sie sie abkühlen.

PONTACK SAUCE – ROTWEIN-SOßE

4 Port.

40 Min.

Leicht

Zutaten

500 g Schwarze Johannisbeeren
250 ml Rotwein
250 ml Rotweinessig
200 g brauner Zucker
2 Schalotten, fein gehackt
2 Knoblauchzehen, fein gehackt
1 TL Pimentkörner
1 TL schwarze Pfefferkörner
1 Lorbeerblatt

Nährwerte p. P.

54 kcal
13 g Kohlenhydrate
0 g Fett
0 g Eiweiß

1 Die Johannisbeeren sollten zuerst gewaschen werden und dann in einem großen Topf zum Kochen gebracht werden. Nachdem die Beeren gekocht wurden, sollten Sie die Hitze reduzieren und die Beeren ca. 20 Minuten köcheln lassen, bis sie weich sind.

2 Anschließend sollten Sie die Beeren durch ein Sieb streichen und den Saft in einen sauberen Topf geben. Hier sollten Sie dann Schalotten, Knoblauch, Rotwein, Rotweinessig, braunen Zucker und Gewürze hinzufügen und alles gut umrühren. Bei mittlerer Hitze sollte die Mischung zum Kochen gebracht werden. Dann reduzieren Sie die Hitze und lassen die Mischung ca. 1 Stunde köcheln, bis sie eingedickt ist.

3 Nun sollten Sie die Mischung durch ein feines Sieb streichen, um die Gewürze zu entfernen. Die Pontack Sauce können Sie dann in ein sauberes Glasgefäß füllen und im Kühlschrank aufbewahren.

4 Die Pontack Sauce passt gut zu Fleischgerichten wie Lamm oder Wild. Sie können die Sauce auch als Dip zu Käse oder als besondere Zutat in Salatdressings verwenden. Hier die Nährwerte pro Portion (ca. 2 Esslöffel).

BRANDY BUTTER – BRANDY-VANILLE-BUTTER

6 – 8 Port.

40 Min.

Leicht

Zutaten

100 g ungesalzene Butter, Raumtemperatur
50 g Puderzucker
2 EL Brandy
1 TL Vanilleextrakt

Nährwerte p. P.

234 kcal
13 g Kohlenhydrate
19 g Fett
0 g Eiweiß

1 Geben Sie die Butter und den Puderzucker in eine Schüssel und rühren Sie sie mit einem Handmixer oder einer Küchenmaschine cremig.

2 Geben Sie Brandy und Vanilleextrakt hinzu und rühren Sie alles gut um, bis die Zutaten vollständig miteinander vermischt sind.

3 Geben Sie die Brandy Butter in ein sauberes Glasgefäß und lassen Sie sie im Kühlschrank mindestens 30 Minuten lang abkühlen, bevor Sie sie servieren.

4 Tipp: Servieren Sie die Brandy Butter als Beilage zu warmen Desserts wie Pudding, Kuchen oder Bratäpfeln.

SANDWICHCREME – WÜRZIGER SANDWICH-AUFSTRICH

  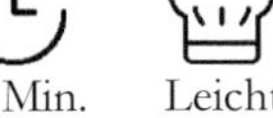 

6 – 8 Port. | 40 Min. | Leicht

Zutaten

150 g Magerquark
2 EL Mayonnaise
2 EL Senf
1 TL Paprikapulver
1 TL Zwiebelpulver
1 Prise Salz
1 Prise Pfeffer

Nährwerte p. P.

86 kcal
3 g Kohlenhydrate
5 g Fett
7 g Eiweiß

1 Um eine leckere Sandwichcreme zuzubereiten, können Sie Magerquark, Mayonnaise und Senf in einer Schüssel vermengen.

2 Anschließend fügen Sie Paprikapulver, Zwiebelpulver, Salz und Pfeffer hinzu und vermischen alles gut miteinander.

3 Zum Schluss füllen Sie die Sandwichcreme in ein verschließbares Glas oder eine Dose und bewahren sie im Kühlschrank auf.

4 So haben Sie jederzeit eine köstliche Creme zur Hand, die sich perfekt als Aufstrich auf Brot oder als Dip eignet.

MINT SAUCE – DEFTIGE MINZSOẞE

4 Port.

15 Min.

Leicht

Zutaten

30 g frische Minzblätter
2 EL Olivenöl
1 EL Weißweinessig
1 TL Zucker
½ TL Salz
¼ TL Pfeffer
1 Knoblauchzehe, gehackt
½ Zitrone, Saft davon

Nährwerte p. P.

69 kcal
3 g Kohlenhydrate
6 g Fett
0 g Eiweiß

1 Um eine leckere englische Minzsoße zuzubereiten, waschen Sie zuerst die frischen Minzblätter, tupfen sie trocken und hacken sie grob.

2 Geben Sie sie dann in eine Schüssel und fügen Sie das Olivenöl, den Weißweinessig, Zucker, Salz, Pfeffer und den gehackten Knoblauch hinzu. Vermengen Sie alles gut miteinander und fügen Sie den Zitronensaft hinzu.

3 Füllen Sie die Minzsoße in ein verschließbares Glas oder eine Dose und bewahren Sie sie im Kühlschrank auf.

4 So haben Sie jederzeit eine erfrischende Soße zur Hand, die perfekt zu Lammgerichten oder als Dip für Gemüsesticks passt.

TOMATO CHUTNEY – TOMATEN-GEWÜRZSOẞE

4 – 6 Port.

30 Min.

Leicht

Zutaten

1 kg Tomaten, gewürfelt
1 Zwiebel, gehackt
3 Knoblauchzehen, gehackt
2 cm frischer Ingwer, gehackt
2 EL Tomatenmark
150 g brauner Zucker
100 ml Rotweinessig
1 TL Senfkörner
1 TL Kreuzkümmelsamen
1 TL gemahlener Zimt
1 TL gemahlene Kurkuma
½ TL Chilipulver
1 TL Salz
2 EL Öl

Nährwerte p. P.

70 kcal
13 g Kohlenhydrate
2 g Fett
1 g Eiweiß

1 In einem großen Topf sollten Sie das Öl erhitzen und die Zwiebeln, Knoblauch und Ingwer darin anbraten, bis sie weich sind. Anschließend sollten Sie das Tomatenmark hinzufügen und gut vermischen.

2 Fügen Sie nun die Tomaten, den braunen Zucker, Rotweinessig, Senfkörner, Kreuzkümmelsamen, Zimt, Kurkuma, Chilipulver und Salz hinzu und rühren Sie alles gut um. Bringen Sie die Mischung zum Kochen und lassen Sie sie bei mittlerer Hitze etwa 30 bis 40 Minuten köcheln, bis das Chutney eingedickt ist. Vergessen Sie nicht, gelegentlich umzurühren.

3 Nehmen Sie das Chutney vom Herd und lassen Sie es abkühlen. Füllen Sie das Chutney in ein sauberes Glasgefäß und bewahren Sie es im Kühlschrank auf.

BIG MAC SAUCE – BURGER-SOßE

4 Port.

15 Min.

Leicht

Zutaten

½ Tasse Mayonnaise
2 EL Essiggurken, fein gehackt
1 EL Zwiebeln, fein gehackt
1 TL Weißweinessig
1 TL Senf
1 TL Zucker
½ TL Knoblauchpulver
½ TL Paprikapulver
Salz und Pfeffer nach Geschmack

Nährwerte p. P.

154 kcal
1 g Kohlenhydrate
16 g Fett
0 g Eiweiß

1 Um die Big Mac Sauce zuzubereiten, vermengen Sie in einer Schüssel Mayonnaise, Essiggurken, Zwiebeln, Weißweinessig, Senf, Zucker, Knoblauchpulver und Paprikapulver miteinander.

2 Schmecken Sie die Sauce mit Salz und Pfeffer ab. Füllen Sie die Big Mac Sauce in ein verschließbares Glas oder eine Dose und bewahren Sie sie im Kühlschrank auf.

3 So haben Sie jederzeit die perfekte Sauce für Ihren eigenen hausgemachten Big Mac Burger zur Hand.

Fingerfood & Snacks

FLAPJACK – HAFER-MÜSLIRIEGEL

4 Port.

50 Min.

Leicht

Zutaten

225 g Haferflocken
150 g Butter
75 g brauner Zucker
4 EL goldenen Sirup

Nährwerte p. P.

200 kcal
23 g Kohlenhydrate
11 g Fett
3 g Eiweiß

1 Heizen Sie den Ofen auf 180 °C vor und fetten Sie eine Backform mit der Größe 20 × 20 cm ein.

2 Geben Sie die Butter, den Zucker und den Sirup in eine Pfanne und erhitzen Sie alles bei schwacher Hitze, bis die Butter geschmolzen und der Zucker aufgelöst ist.

3 Fügen Sie die Haferflocken hinzu und rühren Sie alles gut durch, bis alle Haferflocken mit der Buttermischung bedeckt sind.

4 Geben Sie die Mischung in die Backform und drücken Sie sie mit dem Rücken eines Löffels fest.

5 Backen Sie die Flapjacks für 20 bis 25 Minuten oder bis sie goldbraun sind.

6 Nehmen Sie die Flapjacks aus dem Ofen und lassen Sie sie in der Form abkühlen, bevor Sie sie in Stücke schneiden.

DODGERS – VANILLE-KEKSE

8 – 10 Port.

30 Min.

Leicht

Zutaten

200 g Mehl
50 g Butter
50 g Zucker
1 Ei
1 Prise Salz
1 TL Backpulver
1 TL Vanilleextrakt
1 EL Milch

Nährwerte p. P.

132 kcal
17 g Kohlenhydrate
6 g Fett
2 g Eiweiß

1 Zuerst sollten Sie den Backofen auf 180 °C Ober-/Unterhitze vorheizen und ein Backblech mit Backpapier auslegen.

2 In einer Schüssel können Sie Mehl, Backpulver und Salz vermischen.

3 In einer anderen Schüssel sollten Sie die Butter und den Zucker mit einem Handrührgerät cremig schlagen. Danach können Sie das Ei und Vanilleextrakt unterrühren.

4 Als Nächstes sollten Sie die trockenen Zutaten zur Butter-Zucker-Mischung geben und gut vermengen. Nach und nach können Sie Milch dazugeben, bis ein geschmeidiger Teig entsteht.

5 Den Teig können Sie zu kleinen Bällchen formen und auf das vorbereitete Backblech legen.

6 Im vorgeheizten Backofen sollten Sie die Dodgers etwa 15 bis 20 Minuten backen, bis sie goldbraun sind.

FIVE O'CLOCK TEA SANDWICHES

4 Port. 15 Min. Schwer

Zutaten

8 Scheiben Weißbrot
4 EL Frischkäse
4 EL Butter, weich
4 Scheiben gekochter Schinken
4 Scheiben Salatgurke
Salz und Pfeffer nach Geschmack

Nährwerte p. P.

117 kcal
8 g Kohlenhydrate
8 g Fett
3 g Eiweiß

1 Zuerst sollten Sie die Rinde vom Weißbrot abschneiden und die Scheiben halbieren.

2 In einer Schüssel sollten Sie Frischkäse und weiche Butter vermengen.

3 Die halbierten Brotscheiben sollten Sie mit der Frischkäse-Butter-Mischung bestreichen.

4 Legen Sie nun jeweils eine Scheibe gekochten Schinken und eine Scheibe Salatgurke auf vier der Brothälften. Würzen Sie nach Belieben mit Salz und Pfeffer.

5 Die restlichen Brothälften sollten Sie darauflegen und vorsichtig andrücken.

6 Die fertigen Sandwiches können Sie in mundgerechte Stücke schneiden.

SAUSAGE ROLLS – WÜRSTCHEN IM BLÄTTERTEIGMANTEL

2 – 4 Port.

40 Min.

Leicht

Zutaten

500 g Blätterteig
500 g Würstchen
1 Ei
1 EL Milch

Nährwerte p. P.

350 kcal
25 g Kohlenhydrate
25 g Fett
10 g Eiweiß

1 Heizen Sie den Ofen auf 200 °C Umluft vor.

2 Legen Sie den Blätterteig auf eine bemehlte Arbeitsfläche und schneiden Sie ihn in 8 gleich große Stücke.

3 Legen Sie jeweils ein Würstchen auf jedes Teigstück und rollen Sie den Teig um das Würstchen herum. Drücken Sie die Enden des Teigs zusammen, um die Rolls zu versiegeln.

4 Legen Sie die Rolls auf ein Backblech, das mit Backpapier ausgelegt ist.

5 Schlagen Sie das Ei und die Milch in einer Schüssel zusammen und bestreichen Sie die Rolls mit dieser Mischung.

6 Backen Sie die Rolls im vorgeheizten Ofen für 20 bis 25 Minuten, bis sie goldbraun sind.

PASTA-CHIPS – NUDEL-CHIPS

 2 – 4 Port.

 25 Min.

Leicht

Zutaten

200 g ungekochte Pasta (z. B. Penne oder Fusilli)
2 EL Olivenöl
1 TL Knoblauchpulver
1 TL Paprikapulver
1 TL Salz

Nährwerte p. P.

183 kcal
29 g Kohlenhydrate
6 g Fett
4 g Eiweiß

1 Kochen Sie die Pasta nach Packungsanleitung in Salzwasser, bis sie al dente ist. Gießen Sie sie dann ab und spülen Sie sie kurz mit kaltem Wasser ab.

2 Schneiden Sie die abgekühlte Pasta in kleine Stücke, etwa 1 bis 2 cm lang.

3 Vermischen Sie die Pasta-Stücke in einer Schüssel mit Olivenöl, Knoblauchpulver, Paprikapulver und Salz.

4 Verteilen Sie die gewürzte Pasta auf einem mit Backpapier ausgelegten Backblech und backen Sie sie im vorgeheizten Ofen bei 200 °C (Umluft) für 10 bis 15 Minuten, bis sie goldbraun und knusprig sind.

5 Lassen Sie die Pasta-Chips etwas abkühlen und servieren Sie sie dann als knusprigen Snack oder als Beilage zu Dips und Saucen.

ENGLISH GINGER COOKIES – KNUSPRIGE INGWERKEKSE

   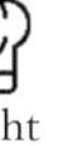

8 – 10 Port. | 1 Std. | Leicht

Zutaten

200 g Weizenmehl
1 TL Backpulver
½ TL Natron
1 TL gemahlener Ingwer
½ TL Zimt
¼ TL Salz
100 g brauner Zucker
75 g Butter, zimmerwarm
1 Ei
3 EL Melasse

Nährwerte p. P.

170 kcal
28 g Kohlenhydrate
5 g Fett
2 g Eiweiß

1 Vermischen Sie das Mehl, Backpulver, Natron, Ingwer, Zimt und Salz in einer Schüssel.

2 In einer anderen Schüssel rühren Sie den braunen Zucker und die zimmerwarme Butter cremig.

3 Fügen Sie das Ei und die Melasse hinzu und rühren es gut unter.

4 Geben Sie die Mehl-Mischung in die Butter-Mischung und rühren Sie es zu einem Teig zusammen.

5 Formen Sie den Teig zu einer Kugel, wickeln Sie ihn in Klarsichtfolie ein und lassen Sie ihn im Kühlschrank für mindestens 30 Minuten ruhen.

6 Heizen Sie den Ofen auf 180 °C Ober-/Unterhitze vor und legen Sie ein Backblech mit Backpapier aus.

7 Nehmen Sie den Teig aus dem Kühlschrank und formen Sie ihn zu kleinen Kugeln, etwa 2 bis 3 cm Durchmesser. Legen Sie die Kugeln auf das vorbereitete Backblech und drücken Sie sie etwas flach.

8 Backen Sie die Ingwer-Plätzchen im vorgeheizten Ofen für ca. 10 bis 12 Minuten, bis sie goldbraun sind.

9 Lassen Sie die Plätzchen etwas abkühlen, bevor Sie sie vom Backblech nehmen.

KARAMELL FUDGE – KARAMELL TOFFEES

8 – 10 Port.

2 Std. 15 Min.

Leicht

Zutaten

400 ml Kondensmilch
200 g brauner Zucker
150 g Butter
1 TL Vanilleextrakt
1 Prise Salz

Nährwerte p. P.

260 kcal
34 g Kohlenhydrate
13 g Fett
2 g Eiweiß

1 Bitte geben Sie die Kondensmilch, den braunen Zucker, die Butter und das Salz in einen Topf und erhitzen Sie alles bei mittlerer Hitze unter ständigem Rühren, bis der Zucker vollständig aufgelöst ist.

2 Erhöhen Sie dann die Hitze und lassen Sie die Mischung unter ständigem Rühren für ca. 10 bis 15 Minuten köcheln, bis sie dick und cremig wird.

3 Nehmen Sie den Topf vom Herd und rühren Sie den Vanilleextrakt unter. Gießen Sie die Mischung in eine rechteckige Form, die mit Backpapier ausgelegt ist, und lassen Sie sie für etwa 2 Stunden abkühlen und fest werden.

4 Schneiden Sie den Karamell Fudge in kleine Stücke und servieren Sie ihn.

FIVE O'CLOCK SCOTCH EGGS – DEFTIGER EIER-SNACK

2 – 4 Port. | 30 Min. | Leicht

Zutaten

4 Eier
400 g Rinderhackfleisch
1 TL Worcestershiresauce
1 TL Senf
1 TL Paprikapulver
Salz und Pfeffer nach Geschmack
50 g Paniermehl
1 EL Mehl
1 Ei, verquirlt
Öl zum Frittieren

Nährwerte p. P.

327 kcal
11 g Kohlenhydrate
22 g Fett
20 g Eiweiß

1 Zuerst sollten Sie die Eier hart kochen, schälen und beiseitestellen.

2 In einer Schüssel sollten Sie das Rinderhackfleisch mit Worcestershiresauce, Senf, Paprikapulver, Salz und Pfeffer vermengen.

3 Teilen Sie das Hackfleisch in vier Portionen und formen Sie daraus flache Scheiben.

4 Jedes hart gekochte Ei sollte nun in eine Scheibe Hackfleisch eingewickelt werden, sodass es vollständig bedeckt ist.

5 In einer flachen Schüssel sollten Sie das Paniermehl mit Mehl vermischen.

6 Jedes Scotch Egg sollte nun in das verquirlte Ei getaucht und anschließend im Paniermehl-Mehl-Gemisch gewendet werden.

7 Erhitzen Sie das Öl in einer Fritteuse oder einem Topf auf 180 °C und frittieren Sie die Scotch Eggs für etwa 5 bis 6 Minuten, bis sie goldbraun sind. Die fertigen Scotch Eggs sollten Sie auf Küchenpapier abtropfen lassen, bevor Sie sie servieren.

Getränke

MULLED WINE WITH BRANDY – GLÜHWEIN MIT BRANDY

1 Flasche

40 Min.

Leicht

Zutaten

1 Flasche Rotwein (750 ml)
60 ml Brandy
2 Zimtstangen
6 Gewürznelken
3 Sternanis
1 Orange, in Scheiben geschnitten
50 g brauner Zucker
1 Vanilleschote, aufgeschnitten
120 ml Wasser

Nährwerte p. P.

220 kcal
16 g Kohlenhydrate
0 g Fett
0 g Eiweiß

1 Geben Sie den Rotwein, Brandy, Zimtstangen, Gewürznelken, Sternanis, Orangenscheiben, braunen Zucker und die aufgeschnittene Vanilleschote in einen großen Topf.

2 Erhitzen Sie das Wasser in einem separaten Topf und gießen Sie es dann in den Wein-Brandy-Topf. Erwärmen Sie die Mischung auf niedriger bis mittlerer Hitze, bis sie heiß ist, aber nicht kocht.

3 Lassen Sie die Mischung für mindestens 30 Minuten ziehen, damit sich die Aromen vermischen und der Wein würzig wird.

4 Entfernen Sie die Gewürznelken, Zimtstangen, Sternanis und Vanilleschote, bevor Sie den Mulled Wine with Brandy servieren.

LEMON CURD

 2 – 4 Port.

 20 Min.

 Leicht

Zutaten

4 große Eigelbe
150 g Zucker
115 g ungesalzene Butter, in kleine Stücke geschnitten
1 EL abgeriebene Zitronenschale (von etwa 2 Zitronen)
120 ml frisch gepresster Zitronensaft (von etwa 3 Zitronen)

Nährwerte p. P.

180 kcal
20 g Kohlenhydrate
11 g Fett
2 g Eiweiß

1 Um Lemon Curd herzustellen, sollten Sie in einer mittelgroßen Schüssel die Eigelbe und den Zucker vermischen, bis sie gut kombiniert sind.

2 In einem mittelgroßen Topf sollten Sie die Butter bei mittlerer Hitze schmelzen lassen. Fügen Sie dann die Zitronenschale und den Zitronensaft hinzu und bringen Sie die Mischung zum Kochen.

3 Gießen Sie die heiße Butter-Zitronenmischung langsam in die Eigelb-Zucker-Mischung und rühren Sie dabei ständig, um sicherzustellen, dass die Eigelbe nicht gerinnen.

4 Gießen Sie die Mischung zurück in den Topf und lassen Sie sie bei niedriger Hitze unter ständigem Rühren kochen, bis sie dick wird (ca. 10 Minuten). Es ist wichtig, ständig zu rühren, um ein Anbrennen des Curds zu verhindern.

5 Gießen Sie den Lemon Curd durch ein Sieb in ein sauberes Glasgefäß und lassen Sie ihn abkühlen.

PIMM'S BOWL – FRUCHT-BOWLE

  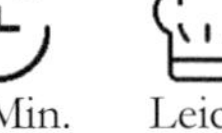 

2 – 4 Port. | 20 Min. | Leicht

Zutaten

250 ml Pimm's No. 1
500 ml Limonade
500 ml Ginger Ale
1 Orange, in Scheiben geschnitten
1 Zitrone, in Scheiben geschnitten
1 Gurke, in Scheiben geschnitten
10 - 12 Minzblätter
Eiswürfel

Nährwerte p. P.

160 kcal
32 g Kohlenhydrate
0 g Fett
0 g Eiweiß

1 Füllen Sie eine große Schüssel oder einen Krug zu einem Drittel mit Eiswürfeln.

2 Geben Sie die geschnittenen Orangen-, Zitronen- und Gurkenscheiben sowie die Minzblätter in die Schüssel oder den Krug.

3 Fügen Sie den Pimm's No. 1, die Limonade und das Ginger Ale hinzu und rühren Sie alles gut um.

4 Stellen Sie die Pimm's Bowl für mindestens 30 Minuten in den Kühlschrank, um sie gut durchzukühlen.

5 Servieren Sie die Pimm's Bowl in Gläsern mit Eiswürfeln und garnieren Sie jedes Glas mit einem Stück Orange, Zitrone, Gurke und Minze.

OLD ENGLISCH TEA PUNCH – ALTENGLISCHER TEEPUNSCH

4 Port.

45 Min.

Leicht

Zutaten

1 Liter starker schwarzer Tee
250 ml Rotwein
60 g brauner Zucker
2 Zimtstangen
4 Nelken
1 Zitrone, in Scheiben geschnitten
1 Orange, in Scheiben geschnitten
Optional: 60 ml Brandy oder Rum
Optional: Orangenscheiben und Zimtstangen zum Garnieren

Nährwerte p. P.

80 kcal
20 g Kohlenhydrate
0 g Fett
0 g Eiweiß

1 Geben Sie den starken schwarzen Tee, Rotwein, braunen Zucker, Zimtstangen und Nelken in einen Topf und erhitzen Sie alles auf mittlerer Stufe.

2 Fügen Sie die in Scheiben geschnittene Zitrone und Orange hinzu und lassen Sie den Teepunsch für weitere 5 bis 10 Minuten bei niedriger Hitze köcheln, um die Aromen zu vereinen.

3 Wenn Sie möchten, können Sie jetzt auch den Brandy oder Rum hinzufügen und noch mal kurz erhitzen.

4 Entfernen Sie die Zimtstangen und Nelken aus dem Teepunsch und gießen Sie ihn in eine hitzebeständige Schüssel oder einen Krug.

5 Servieren Sie den altenglischen Teepunsch in Tassen oder Gläsern und garnieren Sie ihn nach Belieben mit Orangenscheiben und Zimtstangen.

HOT CIDER – HEIẞER APFELWEIN

4 Port.

35 Min.

Leicht

Zutaten

1 Liter Apfelwein oder naturtruben Apfelsaft
2 Zimtstangen
2 Nelken
1 Sternanis
2 Orangen, in Scheiben geschnitten
Optional: 60 ml brauner Rum oder Bourbon
Optional: Zimtstangen zum Garnieren

Nährwerte p. P.

100 kcal
25 g Kohlenhydrate
0 g Fett
0 g Eiweiß

1 Geben Sie den Apfelwein oder den naturtrüben Apfelsaft, Zimtstangen, Nelken, Sternanis und Orangenscheiben in einen Topf und erhitzen Sie alles auf mittlerer Stufe.

2 Lassen Sie den Hot Cider für 15 bis 20 Minuten bei niedriger Hitze köcheln, um die Aromen zu vereinen.

3 Wenn Sie möchten, können Sie jetzt auch den braunen Rum oder Bourbon hinzufügen und noch mal kurz erhitzen.

4 Entfernen Sie die Gewürze und Orangenscheiben aus dem Hot Cider und gießen Sie ihn in eine hitzebeständige Schüssel oder einen Krug.

5 Servieren Sie den Hot Cider in Tassen oder Gläsern und garnieren Sie ihn nach Belieben mit einer Zimtstange.

GIN SLING – ZITRONEN-GIN

2 Port.

10 Min.

Leicht

Zutaten

60 ml Gin
30 ml frisch gepresster Zitronensaft
20 ml Zuckersirup
60 ml Sodawasser
Eiswürfel
Zitronenscheibe und Kirsche zum Garnieren

Nährwerte p. P.

180 kcal
12 g Kohlenhydrate
0 g Fett
0 g Eiweiß

1 Geben Sie Gin, Zitronensaft und Zuckersirup in einen Cocktail-Shaker und schütteln Sie alles kräftig.

2 Füllen Sie ein hohes Glas mit Eiswürfeln und gießen Sie den Gin-Mix über das Eis.

3 Füllen Sie das Glas mit Sodawasser auf und rühren Sie vorsichtig um.

4 Garnieren Sie den Gin Sling mit einer Zitronenscheibe und einer Kirsche.

CREME EGG OSTER COCKTAIL – OSTER-COCKTAIL

1 Port.

15 Min.

Leicht

Zutaten

60 ml Wodka
30 ml Triple Sec oder Orangenlikör
60 ml Sahne
2 TL Schokoladensirup
1 TL Vanilleextrakt
1 TL Zucker
1 Ei
Eiswürfel
Mini-Creme-Eier oder Schokoladen-Eier zum Garnieren

Nährwerte p. P.

315 kcal
17 g Kohlenhydrate
19 g Fett
3 g Eiweiß

1 Geben Sie Wodka, Triple Sec oder Orangenlikör, Sahne, Schokoladensirup, Vanilleextrakt, Zucker und das Ei in einen Cocktail-Shaker.

2 Schütteln Sie alle Zutaten kräftig, bis sie gut vermischt sind.

3 Füllen Sie ein Glas mit Eiswürfeln und gießen Sie den Cocktail über das Eis.

4 Garnieren Sie den Cream Egg Oster Cocktail mit Mini-Creme-Eiern oder Schokoladen-Eiern.

LONDON FOG – TEE LATTE MIT VANILLE

2 Port.

10 Min.

Leicht

Zutaten

Vanilleextrakt
140 ml Sojamilch
400 ml kochendes Wasser
2 Beutel Earl Grey

Nährwerte p. P.

5 kcal
1 g Kohlenhydrate
0 g Fett
1 g Eiweiß

1 Kochen Sie zunächst das Wasser auf und lassen Sie beide Teebeutel darin für 2 Minuten ziehen. Erwärmen Sie die Sojamilch und schäumen Sie diese für 3 Minuten auf.

2 Geben Sie die Hälfte des Tees in ein Glas und füllen Sie mit der Hälfte der Milch auf. Verfeinern Sie mit einigen Tropfen Vanilleextrakt.

3 Wiederholen Sie den Vorgang mit einem zweiten Glas.

EGG TEA

4 Port.

15 Min.

Leicht

Zutaten

4 Eier
4 Scheiben Toastbrot
2 EL Butter
2 EL gehackte Petersilie
Salz und Pfeffer

Zutaten für den Zitrus-Minze-Tee:
4 Teebeutel Zitrus-Minze-Tee
4 Tassen Wasser
Honig oder Zucker nach Belieben

Nährwerte p. P.

220 kcal
27 g Kohlenhydrate
9 g Fett
8 g Eiweiß

1 Um die britischen Eier zuzubereiten, sollten Sie zunächst Wasser in einem Topf zum Kochen bringen. Geben Sie dann die Eier in das kochende Wasser und lassen Sie sie 4 bis 5 Minuten kochen, bis sie hart gekocht sind. Anschließend sollten Sie die Eier abschrecken und pellen.

2 Toasten Sie die Toastscheiben und bestreichen Sie sie mit Butter. Legen Sie dann die Eier auf die Toastscheiben und würzen Sie sie mit gehackter Petersilie, Salz und Pfeffer.

3 Für die Zubereitung des Zitrus-Minze-Tees sollten Sie ebenfalls Wasser in einem Topf zum Kochen bringen. Geben Sie die Teebeutel in das kochende Wasser und lassen Sie sie 3 bis 5 Minuten ziehen. Sie sollten den Tee durch ein Sieb gießen, um die Teebeutel zu entfernen. Nach Belieben können Sie den Tee mit Honig oder Zucker süßen.